MEMOIRE
INSTRUCTIF,

POUR Me. JEAN-JOSEPH BRIANNE,
Docteur en Théologie, Curé de l'Eglise Cathédrale
de Rodés, appellant comme d'abus.

CONTRE

MESSIRE JEAN D'YSE DE SALEON,
Evêque & Comte de Rodés, Intimé.

LA Hierarchie, composée d'Evêques, de Prêtres & de Ministres, est d'institution divine : (*a*) Elle porte tout entiere sur les mêmes fondemens ; & les Evêques dans tous les temps n'ont pas été moins jaloux de conserver les droits du second Ordre, que ceux du premier. L'Exposant ne craindra donc point d'offenser l'Episcopat en soûtenant des maximes fondées sur les Decrets, que les Evêques assemblez dans les Conciles, & conduits par le Saint-Esprit, ont jugé à propos de faire eux-mêmes pour le bien de l'Eglise.

Tels sont les principes sur lesquels l'Exposant appuyera tout ce qu'il va avancer dans ce Mémoire pour le soûtien de la Cause des Curés du Diocése de Rodés, attaquez en sa personne par l'Ordonnance que Mr. l'Evêque de Rodés lui a fait signifier. Avant que de la rapporter, il est necessaire de remonter plus haut.

Le Synode se tint à Rodés le 15. de May de l'année 1737. M. l'Evêque y ayant proposé de nouveau, avec les autres Statuts de feu M. de Lusignen, le premier article concernant la Penitence, lequel *permet aux Curés d'entendre les Confessions dans les Paroisses contiguës à la leur, quand ils en seront priez par les Curés desdites Paroisses ;* les Curés ne pûrent s'em-

(*a*) Conc. Trid. Sess. 23. Can. 6.

A

pêcher de renouveller l'oppoſion faite dans le Synode tenu le 2. d'Avril 1698. à cet article, comme étant contraire au Droit commun & à l'uſage conſtant & immemorial où les Curés du Diocéſe ſe trouvoient alors, & ſe ſont toûjours maintenus depuis, de ſe commettre mutuellement, & de ſe communiquer leur Juriſdiction dans toute l'étenduë du Diocéſe, pour entendre les Confeſſions des Paroiſſiens les uns des autres, ſans une approbation ſpeciale de l'Evêque.

M. l'Evêque dit qu'on lui remettroit des Mémoires. L'Expoſant crut en ſon particulier devoir laiſſer tomber cette conteſtation, capable de cauſer quelque diviſion entre Mr. l'Evêque & le Clergé, dont l'heureux concert doit faire le ſalut des Peuples confiez à leurs ſoins. Mais quand on s'y attendoit le moins, M. l'Evêque publia une Lettre Circulaire, où il attaque vivement le droit des Curés, & peint avec les couleurs les plus noires l'Expoſant, qui ſe contenta de dreſſer un Mémoire plein de moderation, qu'il envoya non imprimé à M. l'Evêque, avec une Lettre très-reſpectueuſe, où il ne ſe plaint pas même des traits injurieux répandus contre lui dans la Lettre Circulaire. En réponſe à ce Mémoire, Mr l'Evêque vient de publier le 23. Octobre dernier une ſeconde Lettre Circulaire, dont l'Expoſant peut dire ce que diſoit ſaint Jerôme de la Lettre publiée contre lui par Jean de Jeruſalem ſon Evêque: (a) *Tota ejus Epiſtola non tam expoſitione, quam noſtris plena eſt contumeliis.* L'Expoſant y eſt traduit comme un homme *de mauvaiſe foi,* coupable de *falſifications marquées,* & contre lequel *il eſt impoſſible de retenir ſon indignation.*

Le jour même de la publication de cette Lettre, Mr. l'Evêque fit ſignifier à l'Expoſant une Ordonnance, renduë du propre mouvement, où ſans obſerver aucune forme, ſans aucun requiſitoire de la part du Promoteur, ſans aucun avertiſſement paternel, *pour des raiſons de lui connuës,* il reſtraint l'Expoſant *à ſes ſeuls Paroiſſiens pour l'adminiſtration du Sacrement de Penitence,* declarant nulles les *Abſolutions qui pourroient être* par l'Expoſant *données au préjudice de cette Ordonnance,* qu'il enjoint à ſon Promoteur de faire ſignifier. L'Expoſant en a interjetté appel comme d'abus; il reduit ſes Moyens au nombre de huit.

Cette Ordonnance eſt contraire, 1°. aux ſaints Canons & Decrets de l'Egliſe Univerſelle. 2°. aux Reglemens de l'Egliſe Gallicane. 3°. aux anciens & nouveaux Statuts du Diocéſe de Rodés. 4°. à la Coûtume très-ancienne du même Diocéſe, laquelle dès qu'elle eſt très-ancienne, fait partie des Libertez de l'Egliſe Gallicane, comme les autres anciennes & legitimes Coûtumes des Egliſes, même particulieres. 5°. aux maximes du Royaume, qui interdiſent aux Evêques & à tous Juges d'Egliſe la connoiſſance du Poſſeſſoire. 6°. à l'Edit de 1695. concernant la Juriſdiction Eccleſiaſtique & autres Ordonnances Royaux. 7°. au cinquiéme article des Libertez de l'Egliſe Gallicane, qui condamne dans les Superieurs Eccleſiaſtiques cette puiſſance abſoluë & arbitraire que M. l'Evêque s'attribuë dans cette Ordonnance & dans la Lettre Circulaire publiée le même jour, où il ſoûtient avoir droit de dépoüiller à ſon gré les Curés de leur Juriſdiction, ou de la reſtraindre. 8°. Enfin aux titres particuliers de l'Expoſant, fondez ſur les Conſtitutions Canoniques.

(a) Epiſt. 39. adv. Joan. Jeroſolym. Edit. Nov.

PREMIER MOYEN D'ABUS.

L'Ordonnance de M. l'Evêque de Rodés est contraire aux saints Canons & Decrets de l'Eglise Universelle.

I.

Personne n'a encore contesté aux Curés la Jurisdiction ordinaire. Or les Loix civiles, (a) ausquelles les Loix (b) Canoniques se sont conformées en ce point, ont établi cette regle generale, que celui qui avoit la Jurisdiction ordinaire pouvoit déleguer. *More majorum ita comparatum est ut is demum Jurisdictionem mandare possit qui eam* Suo jure, *non alieno beneficio haberet.* Les Curés ont donc de droit commun le pouvoir de se commettre mutuellement, & de se communiquer leur Jurisdiction pour exercer les fonctions Curiales dans les Paroisses les uns des autres, & y administrer les Sacremens de Penitence sans une approbation speciale de l'Evêque, à moins que leur pouvoir ne soit restraint à cet égard, ou par la Loi, ou par l'usage qui a force de Loi. L'Exposant traitera plus bas la question par rapport à l'usage ; il va maintenant examiner ce que les Constitutions Canoniques ont reglé sur cette matiere. *Si quelqu'un pour une juste cause*, dit le Concile general de Latran, (c) *veut se confesser à un autre qu'à son propre Prêtre, qu'il en demande auparavant & en obtienne de son propre Prêtre la permission, puisque sans cela l'autre ne peut ni le lier, ni l'absoudre. Si quis autem alieno Sacerdoti voluerit justâ de causâ sua confiteri peccata, licentiam prius postulet & obtineat à proprio Sacerdote, cum aliter ille ipsum non possit solvere vel ligare.* Les Papes, les Conciles, les Evêques de France (d) ont déclaré que le propre Prêtre à qui le Concile de Latran sous Innocent III. oblige de se confesser ou de demander la permission de s'adresser à un Prêtre étranger, étoit le Curé, sans préjudice neanmoins du droit de l'Evêque. Or ce Concile en décidant que le Confesseur étranger *ne peut ni lier ni absoudre* le penitent, sans la permission de son Curé, & n'exigeant d'autre part pour toute condition, afin que le Penitent puisse être lié ou absous, sinon qu'il ait cette permission ; il est visible qu'il decide que le Curé en l'accordant, communique sa Jurisdiction au Confesseur étranger, & le commet pour tenir sa place.

II.

Tous les Canonistes qui ont écrit avant le S. Concile de Trente sont-ils du moins convenus, que les Prêtres ayant reçu dans leur Ordination le pouvoir des clefs, ils avoient le pouvoir d'entendre les Confessions des Paroissiens étrangers avec le seul consentement de leur Curé ; & s'il s'est élevé parmi eux quelque contestion sur le sens du Canon

---

(a) L. More ff. de Jurisd. & L. rognitio §. cum propriam ff. de Off. cujus. &c.
(b) Cap. cum Episcopus de Off. Ordin. in 6.
(c) Conc. Later. IV. Can. 21. An. 1215.
(d) Comment. in Ord. univ. Cler. Gall. authore Franc. Hallier. Mem. du Clergé tom. 1. p. 1684. ibid, tom, 6. p. 1280, & 1281.

du Concile de Latran : ce n'est que sur ce point, sçavoir, si en vertu de la clause *si quis alieno Sacerdoti*, &c. un simple Prêtre non approuvé de l'Evêque, ne pouvoit pas être commis par le Curé pour administrer le Sacrement de Pénitence. La Glose prétendoit que sous le mot *alieno Sacerdoti* étoient compris seulement les autres Curés ; qu'ainsi ce n'étoit qu'à d'autres Curés ou aux Religieux privilegiez que leur privilege mettoit au niveau des Curés étrangers, qu'un Paroissien pouvoit se confesser en vertu de la permission obtenuë de son propre Pasteur. Ce fut conformement à cette décision de la Glose qu'il fut jugé en l'Officialité de Toulouse, (a) que *celui qui avoit permission de l'Evêque ou du Curé, de se choisir un Confesseur capable d'entendre sa confession, ne pouvoit pas élire un Prêtre qui n'étoit pas Curé.* Corserius Official de Toulouse rapporte ce jugement, & Auffrerius Official du même Siége vers la fin du XV. siécle, observe que selon le Canoniste Paul, (b) il ,, falloit distinguer, que si le propre Curé commettoit un Prêtre pour ,, entendre la confession de son Paroissien, il est alors indifferent que ,, ce Prêtre soit Curé ou non, parce que ce n'est pas en vertu d'un ,, droit qui lui soit propre, qu'il entend la confession, mais en qualité ,, de delegué ; & dans ce cas il tient la place du propre Curé, par- ,, ce que celui qui est delegué agit au nom de celui qui l'a commis. ,, Que si le propre Curé donne à son Paroissien la permission d'élire ,, un Confesseur, alors on doit suivre le sentiment de la Glose ; parce ,, que le Confesseur choisi par le Paroissien n'étant point commis par ,, le propre Curé, le Paroissien ne peut se soûmettre à lui que par voye ,, de prorogation ; mais ce Prêtre n'étant pas Curé, la prorogation n'a ,, pas lieu, parce que le consentement des particuliers ne peut rendre ,, Juge celui qui n'a point de Jurisdiction. Auffrerius ajoûte que cette ,, distinction étoit adoptée par quelques autres Canonistes ; mais que ,, Hostiensis sans y avoir égard soûtenoit que les Prêtres ayant reçu ,, dans leur Ordination le pouvoir des clefs, avoient le pouvoir de ,, lier & d'absoudre ; que pour en avoir le libre exercice il ne leur ,, manquoit que de sujets ; qu'ainsi dès que quelqu'un pouvoit legitime- ,, ment se soûmettre à eux, ils pouvoient le confesser ; & que c'étoit ,, le sentiment commun, *ista opinio communiter servatur.*

C'étoit donc vers la fin du XV. siécle le sentiment du moins le plus commun, qu'un simple Prêtre pouvoit lier ou absoudre ceux qui venoient se soûmettre à lui dans le Tribunal de la Pénitence en vertu d'une permission de leur Curé. Et quoique la Glose suivie en cela de quelques Canonistes anciens, fut d'un avis contraire à l'égard des simples Prêtres non approuvez de l'Evêque, pas un seul Auteur n'a-voit encore douté que le seul consentement du Curé ne suffit à un Paroissien pour s'adresser à un autre Curé.

Ce qui rendit dans ce siécle si commune l'opinion de ceux qui pré-tendoient qu'avec la seule permission du Curé on pouvoit se confesser à un simple Prêtre, c'est l'autorité que s'étoit acquise parmi les Ca-nonistes l'Abbé de Palerme, (c) qui dabord avoit embrassé la subtile dis-

---

(a) Data est mihi potestas & licentia per Episcopum vel Rectorem quod possim mihi eligere ido-neum Confessorem, an possim confiteri alicui Presbytero curam animarum non habenti ? conclusum fuit quod non, prout tenet Gloss. in cap. Omnis, Decis. 212. Capell. Tholos. Lugd. 1616.
(b) Addit Capell. Tholos. loc. cit.
(c) In Clem. 1. de privileg.

tinction

tinction de Paul ; mais qui ensuite s'étoit rangé au sentiment d'Hostiensis, & S. Antonin qui fleurissoit en ce tems-là, soûtenoit que le Curé pouvoit communiquer sa Jurisdiction à un simple Prêtre. *Tout Curé est Ordinaire*, dit l'illustre Archevêque de Florence, *(a) & peut commettre pour entendre les confessions de ses Paroissiens... Ainsi le Vicaire du Curé n'a pas besoin pour cet effet de l'approbation de l'Evêque.* S. Thomas *(b)* avant S. Antonin avoit également enseigné que *l'Evêque & le Curé étant établis pour conduire immediatement le même peuple, chacun d'eux pouvoit commettre dans les choses qui appartiennent à leur Jurisdiction.* D'où le Docteur Angelique concluoit que *le Prêtre qui ne peut par défaut de Jurisdiction entendre les confessions des autres, peut être commis pour cet effet par quiconque a la Jurisdiction immediate, soit par l'Evêque, soit par le Curé.*

I I I.

Cette dispute : Sçavoir, si le Curé pouvoit commettre pour entendre les confessions de ses Paroissiens, de simples Prêtres non approuvez de l'Evêque, ou seulement d'autres Curez, qui s'étoit échauffée pendant la tenuë du Saint Concile de Trente, répand une grande lumiere sur le Decret qui y fut fait sur cette matiere, & en fixe le sens. Navarre *(c)* Professeur de Salamanque, venoit de publier ses Commentaires, où il se déclaroit vivement pour le sentiment de ceux qui prétendoient qu'en vertu de la seule permission du Curé on pouvoit se confesser même à un simple Prêtre non approuvé de l'Evêque. Lancelot *(d)* qui assista au Concile de Trente en qualité de Docteur ès Loix pour le Saint Concile : *Doctor Legum pro Sacro Concilio*, enseignoit la même chose dans ses Institutions du Droit Canonique qui parurent immediatement avant la 23. Session. Melchior-Canus Evêque de Canarie *(e)* qui soûtenoit l'opinion contraire, convenoit toutefois : 1°. Que de Droit Divin l'autorité de juger (dans le Tribunal de la Pénitence) appartenoit aux Pasteurs & à ceux qu'ils commettoient : Que le Curé pouvoit commettre pour entendre la confession de ses Paroissiens : Que la confession faite à un autre Prêtre du consentement du Curé, étoit censée faite au Curé; mais qu'il étoit défendu aux simples Prêtres de s'ingerer à entendre les confessions. Melchior-Canus avouoit 2°. Que le sentiment, suivant lequel les Curez pouvoient commettre *de simples*

(a) Summ. Tom. 3. tit. 17. c. 5.

(b) Super eamdem plebem immediatè sunt & Sacerdos Parochialis & Episcopus... & quilibet eorum potest ea quæ sunt Jurisdictionis ad ipsum pertinentia alteri committere. Suppl. q. 8. d. 5. art. 3. Quicumque Jurisdictionem habet potest ea quæ sunt Jurisdictionis committere ; & ideo si aliquis impediatur, quod alterius confessionem audire non possit, propter Jurisdictionis defectum, potest sibi per quemcumque Jurisdictionem habentem immediatam in illos committi quod confessionem audiat & absolvat, sive per ipsum Sacerdotem, sive per Episcopum. Ibid. in Corp.

(c) Navar. tom. 3. de Pœnit. dist. 6. cap. Placuit.

(d) Episcopus quoque subdito suo, ut quemvis idoneum sibi deligat Confessorem ; facultatem concedere poterit, cum non minoris esse debeat efficaciæ ab Episcopo obtenta licentia quàm à Parochiali Sacerdote. Instit. Jur. Can. lib. 2. de Pœnit. & Remiss. tit. 50. §. Episcopus. Et aux Notes sur le §. Quod autem. Verbo, Alieno Sacerdoti. On lit ces paroles : Executionem scilicet habenti, ob ea quæ not. in Cau. Omnis. Aliàs non potest habere locum prorogatio, ut ibi per Abb. nisi proprius Sacerdos alii committeret qui audiret ; tunc enim non requiritur quòd habeat executionem.

(e) Retrò nos ostendimus Sacerdotes autoritatem judicandi (absolvendi) non à Populo, sed à Deo accepisse, nec hanc ex Jure Divino quoslibet Sacerdotes habere, sed solos Pastores, vel eos qui à Pastoribus fuerint delegati. Relect. de Pœnit. part. 6. p. 953. Coloniæ 1678. Ex Concilio Florentino, Minister hujus Sacramenti definitur, Sacerdos habens autoritatem absolvendi, vel ordinariam, vel ex commissione Superioris. Quapropter sine hujusmodi commissione Sacerdos alienus non est hujus Sacramenti Minister; atque proindè Jure Divino tenemur proprio Sacerdoti confiteri. Nam confessio quæ sit alteri ex facultate præpti Sacerdotis, proprii Sacerdoti fieri censetur. Ibid. pag. 945. 946. Ibid. à pag. 950. usq. ad pag. 954.

B

Prêtres, étoit commun parmi les modernes, qu'il étoit autorifé par l'ufage ; mais que c'étoit un abus dont il demandoit la réformation. Qu'il importoit au falut des ames qu'on s'en tînt à l'explication de la Glofe, qui fur le mot *Alieno* du Concile de Latran, prétendoit qu'avec la permiffion du Curé on ne pouvoit s'adreffer pour la Confeffion qu'à d'autres Curez ou aux Religieux que leur Privilege & l'approbation qu'ils avoient reçûë mettoit de niveau avec les Curez étrangers.

Le Canon de ce Concile pris à la lettre & fuivant fa difpofition formelle, favorifoit l'opinion de Melchior-Canus ; car le mot *Alieno Sacerdoti*, oppofé au mot *proprio Sacerdoti*, ne fignifie pas en rigueur tout Prêtre, mais le propre Prêtre d'autrui ; c'eft-à-dire, le Curé ou le Vicaire d'une autre Paroiffe. Le fentiment contraire étoit plus conforme à l'efprit de la Loi, (a) qui ayant été faite ou plûtôt renouvellée dans un tems où il n'y avoit guere d'autres Confeffeurs que les Curez & les Vicaires qui étoient auffi compris fous le nom de propres Prêtres, s'étoit fervi du terme *Alieno Sacerdoti*, qui étoit alors fuffifant pour marquer que la confeffion devoit être faite au Curé, ou de fon confentement à un autre Prêtre.

Ce qu'alleguoit de plus fort Melchior-Canus, c'eft qu'il y avoit de fon tems *une multitude de fimples Prêtres très-ignorans & très débauchez*, qu'il falloit donc reftreindre le droit des Curez en forte qu'ils ne puffent plus accorder à leurs Paroiffiens la permiffion de fe choifir un Confeffeur que parmi les autres Curez ou les Prêtres approuvez de l'Evêque ; en un mot, un Confeffeur qui de droit fût reconnu pour capable. *Idoneus in jure appellatur qui habet publicam juris fufficientiam.*

I V.

Le Traité ou l'Evêque de Canarie parloit ainfi, avoit été dicté en 1548. dans l'Univerfité de Salamanque, & parut imprimé à Alcala en 1563. précifément en la même année que fe tint la Seffion 23 du Concile de Trente, où fut dreffé le Decret fuivant, & cela vifiblement pour terminer les conteftations qui s'étoient élevées au fujet du Canon du Concile de Latran, & au milieu defquelles l'Expofant a montré que le droit qu'ont les Curez de fe commettre mutuellement & de fe communiquer Jurifdiction pour l'adminiftration du Sacrement de Penitence, étoit demeuré inébranlable, & n'avoit été contefté par aucun Canonifte.

Le Decret du Concile de Trente porte, (b) *qu'encore que les Prêtres reçoivent dans leur Ordination le pouvoir d'abfoudre des pechez ; le Saint Concile ordonne néanmoins que nul Prêtre, même regulier, ne pourra entendre les confeffions des feculiers, non pas même des Prêtres ; ni être tenu pour capable de le pouvoir faire, s'il n'a un Benefice-Cure, ou s'il n'eft jugé capable par les Evêques, & n'a leur approbation... nonobftant tous Privileges & toute coûtume contraire, même de tems immemorial.*

Le Concile decide ici, dit M. l'Evêque, (c) *que deux fortes de perfonnes*

(a) Concilium interpretari debemus fecundùm ea quæ ifto tempore erant in ufu probato & recepto in Ecclefia.... Soli autem Presbyteri fæculares in Ecclefiis Cathedralibus vel Parochialibus, quibus eos additos effe contingeret confeffiones excipiebant. Hall. comm. in univ. Cler. Gall. Ordin. ad art. 5. §. 2.
(b) Seff. 23. cap. 15.
(c) 2. Lett. circul. p. 15.

feulement ont le pouvoir de confeffer : fçavoir, ceux qui ont un Benefice Paroif-fial, & ceux qui ont l'approbation de l'Evêque. Ceux qui ont un Benefice Pa-roiffial ont donc, fuivant cette difpofition du Concile, le pouvoir de confeffer. Mais qui font ceux qu'ils peuvent confeffer ? c'eft ce que le Concile n'explique pas ;.... & puifque le Concile NE DETERMINE RIEN, il ne prétend donc parle r que de ceux que les Curez peuvent confeffer en vertu de leur titre, c'eft à-dire ;, de leurs propres Paroiffiens.

Que l'aveu renfermé dans ces paroles eft important, qu'il eft décifif ? L'Expofant prouvera que le Concile de Trente s'eft fuffifament *expliqué*, & qu'il a determiné la chofe en faveur des curez ; en attendant il fuffit que M. l'Evêque dife que le Saint Concile *a decidé*, *que ceux qui ont un Benefice Paroiffial ont le pouvoir de confeffer*, mais *qu'il ne determine rien fur cette autre queftion : Qui font ceux qu'ils peuvent confeffer ?* car il fuit de là neceffairement que le Concile de Trente a laiffé à cet égard les chofes en l'état où elles étoient auparavant, & n'a rien changé à la dif-pofition du Concile General de Lattran, fuivant lequel un curé pouvoit inconteftablement avant le Concile de Trente, entendre les confeffions des Parroiffiens étrangers du confentement de leur curé. Les curez qui fe font maintenus dans cet ufage ont donc le même droit après la tenuë de ce concile ; car c'eft une maxime, que *quand les nouvelles Loix ne re-glent pas fpecialement fpecialiter, un point, elles veulent qu'on s'en tienne aux anciennes.* (*a*) Quidquid hac Lege non videtur fpecialiter expreffum id veterum Legum conftitutionúmque regulis omnes relictum intelligant. Si l'Expofant pouvoit *fans* encourir *l'indignation* de M. l'Evêque, faire *le Philofophe* & *le Théologien* (*b*) il raifonneroit ainfi. Le concile de Trente *a decidé que ceux qui ont un benefice Paroiffial ont le pouvoir de con-feffer.* Mais qui font ceux qu'ils peuvent confeffer ? c'eft ce que le Con-cile n'explique pas ; & *puifque le Concile ne determine rien*, *il prétend donc parler* de tous ceux que les Curez pouvoient confeffer auparavant: or en vertu de leur titre les curez pouvoient auparavant confeffer leurs pro-pres Paroiffiens ; & en vertu de leur titre & du confentement de leurs confreres, ils pouvoient, de l'aveu de tous les canoniftes fans en ex-cepter un feul, entendre les confeffions des Paroiffiens étrangers : ils le peuvent donc aujourd'hui, du moins fi on s'en tient à la difpofition du Concile de Trente.

V.

Il y a plus, le Concile de Trente a determiné la chofe en faveur des Curez. Pour s'en convaincre, il fuffit de faire attention à la maniere dont Nugno, Auteur contemporain, & dont les Annales Dominicai-nes parlent avec éloge, expofe le point précis qui divifoit les Canoniftes de ce tems-là. " (*c*) Avant la tenuë du Concile de Trente, dit ce Théo-
,, logien, celui qui avoit la permiffion de fe choifir un Confeffeur, ne
,, pouvoir pas, felon l'opinion de quelques-uns, choifir qui il vouloit ;
,, il falloit que le Confeffeur eût l'une des deux qualitez, ou qu'il
,, eût la Jurifdiction ordinaire dans le for (de la Penitence,)

(*a*) L. Præcipimus, Cod. de Appell.
(*b*) 2. Lett. circ. p. 30.
(*c*) In Addit ad 3. part, D. Thom. quæft. 8. art. 15. Dub. 71.

,, & telle que l'ont les Curez , ou qu'il fût approuvé de l'Evêque
,, comme capable.. Pour remplir la premiere condition , il n'étoit
,, pas necessaire que le Prêtre choisi eût la Jurisdiction ordinaire
,, sur le Pénitent , parce qu'alors la permission de choisir eût été
,, inutile ; mais on l'entendoit absolument , c'est-à-dire que ce
,, Prêtre devoit avoir la Jurisdiction ordinaire à l'égard de quel-
,, que peuple.... Suivant cette explication , un Curé pouvoit
,, confier ses oüailles à un autre Curé , & celui qui avoit la per-
,, mission de se choisir un Confesseur pouvoit choisir un Curé
,, étranger , & aussi un Prêtre approuvé par quelque Ordinaire
,, que ce fût , mais non pas un simple Prêtre. Ces Canonistes se
,, fondoient sur ce qu'il est contraire au bien de l'Eglise , & d'une dan-
,, gereuse consequence pour les mœurs , de laisser le Pénitent Juge de
,, la capacité du Confesseur , & la liberté de choisir qu'il veut ; qu'ainsi
,, lorsqu'on donnoit en general la permission de choisir , on supposoit que
,, le choix se feroit d'une maniere convenable ...... c'est-à-dire
,, qu'on choisiroit parmi ceux qui ont une approbation publique,
,, telle que l'ont seulement ceux qui ont charge d'ames , ou qui
,, ont été approuvez de l'Evêque. Quelques autres Canonistes te-
,, noient le sentiment contraire , & prétendoient que le Curé pouvoit
,, validement & licitement communiquer sa Jurisdiction à quelque Prê-
,, tre que ce fût , pourveu qu'il fût capable , quoique d'ailleurs il n'eût
,, aucune Jurisdiction , & ne fût approuvé d'aucun Evêque. *Etiamsi alias*
,, *nullam haberet Jurisdictionem , nec alicujus Episcopi approbationem.*

Il y a un rapport visible entre ces paroles du Decret du Concile de
Trente : *Nul Prêtre ne sera tenu pour capable d'entendre les Confessions s'il
n'a un Benefice-Curé , ou s'il n'est approuvé des Evêques.* (a) Decernit sancta
Synodus nullum etiam regularem posse Confessiones sæcularium , etiam
Sacerdotum audire , nec ad id idoneum reputari, nisi aut Parochiale Beneficium aut ab Episcopis idoneus judicetur & approbationem obtineat.
Et celles-ci dont se sert Nugno , Auteur contemporain , pour expri-
mer l'opinion de Melchior Canus (b) & des autres qui restraignoient le
plus le pouvoir des Curés avant le Concile. *Il falloit que le Confesseur
eût l'une des deux qualitez, OU qu'il eût la Jurisdiction ordinaire telle que
l'ont les Curés , OU qu'il fût approuvé de l'Evêque.* Erat necessarium ut
electus haberet unam è duabus conditionibus, scilicet quod haberet Jurisdictionem ordinariam in isto foro ut habent Parochi, vel quod esset approbatus ab Episcopo tamquam idoneus. Or ajoûte tout de suite le sçavant Dominicain : *Il n'étoit pas necessaire pour remplir la premiere de ces
conditions, que le Confesseur choisi eût la Jurisdiction ordinaire sur le Penitent, mais on l'entendoit absolument, c'est-à-dire, qu'il devoit avoir la Jurisdiction ordinaire à l'égard de quelque Peuple.* Non tamen intelligebatur in prima conditione quod Sacerdos electus haberet ordinariam Jurisdictionem in ipsum pœnitentem , quia tunc frivola esset facultas ; sed
intelligebatur absolutè , scilicet quod talis Sacerdos haberet Jurisdictionem

(a) Sess. 23. Cap. 15,   (b) Loco suprá cit,

nem ordinariam circa aliquem populum. *Ainſi*, continuë Nugno, *un Curé pouvoit, ſelon cette explication, confier ſes Oüailles à un autre Curé ; & celui qui avoit la permiſſion de ſe choiſir un Confeſſeur, pouvoit choiſir un Curé étranger, & auſſi un Prêtre approuvé.* (a) Juxta iſtam declarationem poterat unus Parochus ſuas Oves committere alteri Parocho, & qui habebat facultatem ad eligendum Confeſſorem poterat eligere Parochum alienum & etiam approbatum ab alio quocumque Ordinario, non tamen ſimplicem Sacerdotem.

Qui croira que le Concile de Trente n'ait pas attaché aux termes dont il ſe ſervoit, la ſignification qu'ils avoient alors communément ? A qui perſuadera-t'on encore que ce Concile formant un Decret pour terminer les conteſtations qui s'étoient élevées ſur cette matiere, *n'ait rien déterminé* (b) ſur un des points ſur lequel il importoit le plus de ne laiſſer rien d'indecis ; ait tendu un piége aux Théologiens & aux Canoniſtes en employant des expreſſions, qui dans le langage ordinaire de ce temps-là, [& même en tout temps à cauſe de leur generalité] ſignifioient que les Curés étoient tenus pour capables d'entendre les Confeſſions, même des étrangers, du conſentement neanmoins de leurs Confreres ? A qui perſuadera-t'on que ce Concile ait tenu une telle conduite, & refuſé *de s'expliquer* là-deſſus, comme s'il avoit été queſtion de quelqu'un de ces points obſcurs dont parle S. Auguſtin, qui ne ſont pas encore aſſez éclaircis par la diſpute pour être decidez ?

V I.

Il faut donc dire, 1°. Que le Concile de Trente voyant qu'il y avoit partage entre les Canoniſtes ſur la queſtion de ſçavoir ; ſi les Curés pouvoient commettre de ſimples Prêtres pour entendre les Confeſſions de leurs Paroiſſiens, avoit prononcé en faveur du ſentiment le plus ſevere, & declaré les ſimples Prêtres non approuvez de l'Evêque inhabiles à entendre les Confeſſions, & par conſequent incapables de pouvoir être commis pour cet effet par les Curés.

2°. Que ce Concile voyant que tous les Théologiens & tous les Canoniſtes ſans exception, étoient dans ce ſentiment, que les Curés ayant ſubi l'examen, & reçu l'approbation de l'Evêque lors de leur inſtitution, étoient tenus pour capables d'entendre les Confeſſions, même des Fidéles des autres Paroiſſes, & n'avoient beſoin pour cela que d'être commis par leurs Confreres, avoit confirmé la diſpoſition formelle du Concile General de Latran. Ainſi le ſaint Concile de Trente a-t'il improuvé, non en elle même, mais à cauſe des abus, l'extenſion de la Loi contenuë dans le Canon *Omnis utriuſque ſexus*, & en même temps maintenu dans ſa vigueur cette Loi ſalutaire, qui eſt du nombre de celles qui renferment encore plus que bien d'autres, le vœu de la perpetuité.

Mais pour lever tout doute ſur ce point, voici un autre Decret du ſaint Concile de Trente. *Si quelqu'un dit . . . que tous les Fidéles de l'un & de l'autre Sexe ne ſont pas obligez de ſe confeſſer une fois l'an, conformément au Decret du grand Concile de Latran . . . qu'il ſoit anathême.* Si quis dixerit (c) ad eam [Confeſſionem] non teneri omnes & ſingulos utriuſ-

(a) Ibid.   (b) II. Lettre Circ.   (c) Seſſ. 14. Can. 8.

C

que fexus Chrifti Fideles *juxta* magni Concilii Lateranenfis conftitutionem , femel in anno, & ob id fuadendum effe Chrifti Fidelibus ut non confiteantur tempore quadragefimæ , anathema fit.

M. Hallier dans un Ouvrage imprimé par ordre du Clergé de France, infere de ce que le Concile de Trente ordonne de fe confeffer une fois l'an *conformément* au Decret du Concile de Latran, *juxta magni Confilii Lateranenfis conftitutionem* , (a) que le Concile de Trente marque , qu'il faut fe confeffer à fon Pafteur ordinaire , puifque le Decret du Concile de Latran le porte ainfi. Or ce Decret en même temps qu'il enjoint de fe confeffer à fon Curé , ajoûte , ou à un autre Curé avec la permiffion de fon propre Curé. Il fuffit donc felon le Concile de Trente , auffi-bien que felon celui de Latran, de fe confeffer à un autre Curé , pourvû qu'on ait la permiffion de fon propre Curé. Cette conféquence eft auffi jufte que celle que tire M. Hallier de ces paroles , *juxta magni Concilii Lateranenfis conftitutionem* ; & il faut convenir qu'elles renferment un renouvellement du Canon entier, *Omnis utriufque fexûs*, pris dans le fens que lui donnoit la Glofe , & fuivant fa difpofition formelle. Auffi voyons-nous que Rithovius , premier Evêque d'Ypre qui avoit affifté au Concile de Trente , & qui par là devoit être mieux inftruit de fes décifions, & plus zélé pour les faire executer, regla dans le Synode qu'il tint en 1577. tit. 11. cap. 5. Qu'un Curé ne peut adminiftrer les Sacremens aux Paroiffiens étrangers , que du confentement du propre Pafteur, ou avec la permiffion fpeciale de l'Evêque. En ne demandant que l'un ou l'autre, il exclut la neceffité de la permiffion fpéciale de l'Evêque. *Ordinamus ut nullus Sacerdos extrà limites fuæ Parochiæ, aut etiam in fuâ Parochiâ, alienis Parochianis facramenta abfque proprii Paftoris confenfu , AUT noftrâ fpeciali licentiâ adminiftrare præfumat.*

VII.

Rome a crû que le Concile de Trente avoit effectivement renouvellé le Canon *omnis utriufque fexûs* , même quant au point dont il s'agit ; car le Pape Gregoire XIII. (b) approuva & *confirma les Decrets du Concile tenu à Rheims en 1583. après les avoir fait examiner par les Cardinaux interprètes du Concile de Trente , pour voir s'ils y étoient conformes.* Or l'un de ces Decrets ordonne en ces termes l'execution de la celebre clause : *fi quis autem alieno Sacerdoti , &c.* du Concile de Latran, d'où on a vû que tous les Canoniftes inferoient que les Curés pouvoient avec le feul confentement de leurs Confreres entendre les confeffions des Paroiffiens étrangers. *Nemo æxiftimet fibi licere cuicumque volet Sacerdoti confiteri , fed proprio tantum Paræco. Si quis autem alieno Sacerdoti voluerit juftâ de caufâ , fuâ confiteri peccata, licentiam poftulet & obtineat à proprio Sacerdote, cum aliter ipfe illum non poffit abfolvere , vel ligare.*

L'autorité que l'Expofant vient de rapporter , fuffiroit pour empêcher M. l'Evêque de fe prévaloir des deux décifions de la Congrega-

(a) Innuit Tridentinum confitendum effe femel in anno juxta Concilii-Lateranenfis conftitutionem. At Concilium Lateranenfe ftatuit confitendum effe proprio Sacerdoti ; ideft, ordinario Paftori , five etiam Parocho. Ergo hanc obligationem adhuc in ufu effe indicat Concilium Tridentinum. Comm. in Ordin. univ. Cler. Gall. in lucem editi juffu Cleri Gall. ad art. 5. §. 4.
(b) Breve Apoft. fuper confirm. Concil. Rhem. Greg. XIII. 30. Jul. 1584. Conc. Labb. tom. 15. p. 892.

tion des Cardinaux qu'il cite. (a) On montrera plus bas que la premiere de ces décisions est contraire à l'Ordonnance renduë contre l'Exposant ; & la seconde conçuë en ces termes : *Nullus præterquàm Episcopus potest se interponere in his quæ spectant ad approbandum Sacerdotes sacræ Confessionis Ministros*, n'a aucun rapport à la question presente , puisque les Curés ne prétendent pas être en droit d'approuver les Ministres de la Penitence , mais seulement de commettre d'autres Curés qui sont approuvez de droit , comme il paroît par les Decrets du Concile de Latran & de Trente.

Mais d'ailleurs Van-Espen (b) nous avertit , 1°. Qu'il ne faut pas regarder les Declarations de cette Congregation comme des Loix generales , que lorsqu'elle veut leur donner ce caractere. Elle en fait le rapport au Pape qui en ordonne la publication , ce qui arrive fort rarement ; & cet Auteur n'en rapporte du moins dans cet endroit qu'un exemple , qui est le Decret du 12. Fevrier 1679. par lequel il est défendu à toutes sortes de personnes de marquer des jours pour une Communion generale. 2°. Que les Declarations de cette Congregation ne renferment point une interpretation des Decrets du Concile de Trente , de laquelle il ne soit pas permis de s'écarter , puisqu'elle ne suit pas elle-même quelquefois ses propres décisions , comme l'observe Fagnan qui en étoit Secretaire. On trouve dans les Mémoires du Clergé les mêmes reflexions , & de plus fortes encore. (c) On y fait voir que cette Congregation a fait des Declarations également contraires au droit des Evêques & des Curés , & aux Reglemens de l'Eglise , & sur tout du Concile de Trente. Le Pape Urbain VIII. par son Decret du 2. Août 1631. défend *d'ajoûter aucune foi à ces Declarations de la sacrée Congregation , mais seulement à celles qui sont publiées dans une forme authentique , & munies du sceau & de la souscription du Cardinal Prefet & du Secretaire de la Congregation* : Iis Declarationibus Sacræ Congregationis Concilii nullam fidem esse in judicio vel extra à quoquam adhibendam ; & celles que rapporte M. l'Evêque , n'ont point paru revêtuës de ces formalitez ; il en convient lui-même. (d) On ne peut rien conclure en faveur de ces prétenduës décisions , de ce qu'elles sont tirées d'un Recüeil trouvé dans la Bibliotheque du Cardinal Bellarmin ; ce n'est pas ce Cardinal qui les a fait imprimer , & on trouve dans les meilleures Bibliotheques les pieces apocriphes , aussi bien que les veritables.

Enfin cette prétenduë decision de la sacrée Congregation imprimée à Lyon en 1633. se trouve dans le Recüeil publié en 1621. par Gallemart , & même dans l'ouvrage intitulé , *Praxis Episcopalis* de Piasecius , qui parut pour la premiere fois en 1613. Or le Rituel Romain publié en 1614. decide la chose autrement.

VIII.

Ce Rituel auquel le Pape Paul V. exhorte dans sa Bulle *Apostolica Se-*

(a) II. Lettre Circ. p. 20.
(b) Jus Eccl. part. 1. tit. 22. cap. 5. n. 17. & 18.
(c) Tom. 6. p. 1217. usq. ad p. 1221.
(d) II. Lett. Circ. p. 20. & 21.

di, (a) les Evêques & tous les Curés du monde de *se conformer, comme étant dreſſé par l'autorité de l'Egliſe Romaine , Mere & Maîtreſſe de toutes les Egliſes ,* parlant *des Sacremens de Baptême , de Penitence , &c.* dont l'adminiſtration appartient aux Curés : *Sacramentorum quorum adminiſtratio ad Parochos pertinet ... cujuſmodi ſunt Baptiſmus , Pænitentia , &c.* (b) leur défend *de les adminiſtrer aux Fidéles d'une Paroiſſe étrangere , à moins qu'ils n'en ayent la permiſſion du Curé OU de l'Ordinaire.* Parochus... fidelibus alienæ Parochiæ Sacramenta non miniſtrabit niſi neceſſitatis cauſa, *VEL* de licentia Parochi , *SEU* Ordinarii.

Cette alternative avoit paru déciſive à l'Expoſant ; mais M. l'Evêque ſe plaint qu'*il défigure entierement le Texte du Rituel Romain ; car* 1°. dit le Prélat, (c) *le Rituel parle là, non ſeulement du Sacrement de Baptême & de Penitence , mais encore de l'Euchariſtie , de l'Extrême-Onction & du Mariage.* L'Expoſant en convient ſans peine, & ne l'avoit-il pas marqué par un &c. & par ces paroles , *Sacramentorum quorum adminiſtratio ad Parochos pertinet.* Mais qu'en conclure ? Que l'alternative n'a pas lieu à l'égard du Sacrement de Penitence ? La conſequence eſt bien plus juſte, que l'alternative a lieu à l'égard de tous les Sacremens dont l'adminiſtration appartient aux Curés. Auſſi eſt-ce la diſpoſition expreſſe des ſaints Canons. Le Concile de Trente le marque du Mariage. (d) *De ipſius Parochi ſeu Ordinarii licentia.* Le dernier Concile de la Province le dit de l'Euchariſtie. (e) *Aliis quibus libet diebus feſtis communio ex licentia Epiſcopi , ejus Vicarii aut Parochi aliis in locis pro cujuſque voto ab idoneo Sacerdote concedatur.* Clement V. (f) l'ordonne touchant les Sacremens de l'Extrême-Onction , de l'Euchariſtie , du Mariage, comme le Concile de Latran (g) l'avoit reglé au ſujet de la Penitence.

En ſecond lieu, continuë M. l'Evêque, le Rituel Romain *ne fait pas cette défenſe aux Curés ſeulement, mais à tout autre Prêtre qui a droit d'adminiſtrer les Sacremens.* Parochus vel quivis alius Sacerdos ad quem eorum adminiſtratio pertinet. *Et il défend aux uns & aux autres de les adminiſtrer aux Fidéles d'une Paroiſſe étrangere, à moins qu'ils n'en ayent la Permiſſion du Curé ou de l'Ordinaire.* L'Auteur du Memoire conclut de cette alternative que le Curé peut auſſi bien que l'Evêque commettre un autre Curé pour confeſſer ſes Paroiſſiens : Mais ſi cette conſequence étoit juſte, un Curé pourroit auſſi de même que l'Evêque commettre pour confeſſer ſes Paroiſſiens non-ſeulement un autre Curé , mais encore un Prêtre qui ne ſera pas Curé, puiſque le Rituel en cet endroit ne parle pas des Curés en particulier, mais de tous les Prêtres à qui appartient l'adminiſtration des Sacremens. Parochus vel quivis alius Sacerdos ad quem eorum adminiſtratio pertinet.

L'Expoſant répond que ces dernieres paroles du Rituel Romain & celles-ci du Concile de Trente ont du rapport enſemble. *Epiſcopi... in Ecclefiis Parochialibus ... in quibus populus ita numeroſus ſit ut unus Rector non poſſit ſufficere Eccleſiaſticis Sacramentis miniſtrandis, cogant Rectores, VEL ALIOS AD QUOS PERTINET SIBI TOT SACERDOTES*

(a) Bull. Paul. Pap. V. Apoſt. Sedi 17. Jun. 1614.
(b) Rit. Rom. De iis quæ in Sacram. adminiſt. gen. ſerv. ſunt.
(c) II. Lett. Circ. p. 21. & 22.
(d) Seſſ. 24. cap. 1.
(e) Conc. Bitur. tit. 22. Can. 9.
(f) Cap. 1. de Privil.   (g) Can. 21.

ad

ad hoc munus adjungere quot fufficiant ad Sacramenta exhibenda. Or on voit ici outre les Curés d'autres Miniftres ordinaires des Sacremens, *vel alios ad quos pertinet* ; puifqu'ils font obligez de s'affocier autant de Prêtres qu'il eft neceffaire pour l'adminiftration des Sacremens ; ce font ceux dont parle le même Concile Seff. 23. chap. 1. *Eadem omnino de Curatis inferioribus & aliis quibufcumque qui Beneficium aliquod Ecclefiafticum curam animarum habens obtinent facrofanĉa Synodus decernit*: & ceux dont il parle encore Seff. 25. chap. 11. qui ont *Jurifdiĉtion fur des Paroiffiens*, & qui fans être Curés, dit Mr. Gibert, *font en vertu de leur Benefice approuvez de droit comme eux.* (a) Hanc rationem locum non habere in Paftoribus & Curatis cum fint jure approbati, &c. ac confequenter quoad eos qui fimilem à fuo Beneficio approbationem mutuantur.

Ce n'eft effeĉtivement que des Curés ou des autres Beneficiers, qui en vertu de leur titre ont droit d'adminiftrer les Sacremens, qu'on dit proprement que l'adminiftration des Sacremens leur appartient : *vel quivis alius Sacerdos ad quem eorum adminiftratio pertinet.* Ce n'eft qu'à eux que font direĉtement adreffées les inftruĉtions du Rituel Romain, quoique les fimples Prêtres deleguez doivent s'y conformer, comme fe conforment aux Ordonnances adreffées aux Magiftrats ceux qu'ils commettent pour informer, ou faire en leur nom quelqu'autre fonĉtion de Juftice. Les Miniftres compris fous ces termes, *quivis alius Sacerdos ad quem eorum adminiftratio pertinet*, font donc des Miniftres ordinaires de la Pénitence, approuvez de droit en vertu de leur titre, auffi bien que les Curés, & que ceux-ci peuvent commettre pour entendre les confeffions de leurs Paroiffiens. *Parochus vel quivis alius Sacerdos ad quem eorum (Sacramentorum) adminiftratio pertinet... Fidelibus alienæ Parochiæ Sacramenta non miniftrabit, nifi neceffitatis caufâ, VEL de licentiâ Parochi, SEU Ordinarii.... illorum tantum Sacramentorum quorum adminiftratio ad Parochos pertinet Ritus hoc opere præfcribuntur, cujufmodi funt Baptifmus, Pœnitentia*, &c.

Ce fut environ cinquante ans après la tenuë de la 23. Seffion du Concile de Trente que fut publié le Rituel Romain, c'eft-à-dire dans un tems où tout étoit encore plein de l'efprit de ce Concile, & où les ouvrages des plus celebres Théologiens & Canoniftes qui avoient écrit fur le decret de cette Seffion ne laiffoient aucun lieu de douter, que les Curés depuis, comme avant le Concile, ne fuffent tenus pour capables d'entendre les confeffions des Paroiffiens étrangers avec le feul confentement de leurs Confreres. Le témoignage de ces Auteurs & de ceux qui les ont fuivis, va donner un nouveau degré de force à tout ce que l'Expofant a déja dit.

I X.

Commençons par Navarre. Le Decret du Concile de Trente ayant été fait après la premiere Edition des œuvres de cet Auteur qui a été Pénitencier à Rome, il fe propofe cette difficulté dans une nouvelle Edition, que ce qu'il a écrit pour montrer qu'on peut fe choifir un

(a) Tom. 3. traĉt. de Sacr. tit. 7. p. 62.

D

Confesseur du consentement de son Curé, devient inutile depuis ce Decret, & il répond qu'*il n'en est pas ainsi*; (a) *parce que*, dit-il, *le Concile n'ôte point aux Seculiers le pouvoir de choisir un Confesseur approuvé ou un Curé étranger.* At non est ita, quia nec Sæcularibus adimitur [potestas] deligendi Confessarium probatum, VEL curæ animarum præfectum quamvis alioqui esset alienus.

Pour obscurcir un témoignage si éclatant, M. l'Evêque (b) oppose que Navarre ne parle que *des Seculiers qui ont le privilege de choisir, & qu'il propose le cas d'un homme, qui en vertu de la coûtume se choisit un Confesseur sans le consentement de son Superieur,* præter sui Superioris licentiam ; au lieu qu'on lui attribuë de proposer le cas d'un homme qui se choisit un Confesseur du consentement de son Curé; sur quoi M. l'Evêque s'écrie, *y eut-il jamais une falsification plus marquée ?* Le meilleur moyen pour penetrer le sens de Navarre, est de faire l'analyse de cet endroit des Commentaires de ce Canoniste.

Ce n'est pas le chapitre *si Episcopus*, comme M. l'Evêque le donne à entendre (c) dans sa Lettre circulaire, mais le chapitre *Placuit*, que Navarre entreprend d'expliquer ici *ex professo* ; & voici le précis qu'il en fait dabord. (d) *Nul Prêtre ne peut entendre en confession un Paroissien étranger que du consentement du propre Prêtre, à moins que celui-ci ne soit un ignorant, & on doit punir celui qui contrevient à ce Reglement.*

Cet Auteur montre ensuite l'accord de ce texte, avec ces paroles du Canon du Concile de Latran. (e) *Si quelque Fidéle veut pour une juste raison se confesser à un Prêtre étranger qu'il en obtienne auparavant la permission de son Curé, car autrement il ne le peut ni lier ni absoudre.*

On infere des autoritez citées, continuë Navarre, (f) *la verité du sentiment d'Adrien & du Panormitain qui a aussi expressément remarqué que dans aucune partie de l'année, il n'est permis de se confesser à d'autre qu'à son Curé, quoique plusieurs personnes même sçavantes faisant peu d'attention à cela ayent accoûtumé d'en user autrement & d'errer en ce point.*

Ce Canoniste propose ici les difficultez contre la Doctrine des Curés. (g) *La quatrième de ces difficultez est que les Prêtres jusqu'au jour present se choisissent un Confesseur parmi les Prêtres qui n'ont sur eux aucune Jurisdiction, & que ce ne peut être à raison de la coûtume, puisqu'une semblable coûtume n'est point legitime.*

Navarre convient de l'usage, & donne plusieurs réponses ausquelles il oppose ensuite ces paroles du chapitre *si Episcopus* citées par M. l'Evê-

(a) Tom. 3. de Pœnit. Dist. 6. cap. Placuit n. 43. p. 400. Edit. Venet. 1618.
(b) 2. Lett. Circ. p. 23, & 24.
(c) 2. Lett. Circ. p. 23.
(d) Summa est. Nullus Sacerdos alienum Parochianum ad pœnitentiæ Sacramentum suscipere potest, *nisi de ipsius consensu vel nisi quando* proprius est ignorans, & contrarium faciens est castigandus. Navar. Tom. 3. de pœnit. Dist. 6. cap. Placuit p. 393. Venet. 1618.
(e) Pro quo facit primo & principalissime cap. Omnis de pœnit. & rem. in illo versiculo; si quis autem alieno Sacerdoti voluerit justa de causa sua confiteri peccata, licentiam prius postulet & obtineat à proprio Sacerdote ; cum aliter ipse illum non possit absolvere vel ligare. Ibid. p. 393. & 394.
(f) Ex quibus infertur. 2°. Verum esse quod Adrianus sentit & Panormitanus expressè annotavit, in nulla parte anni alii quam proprio Sacerdoti confiteri licere quamvis multi etiam docti parum hæc considerantes contrarium facere ac errare soleant. Ibid.
(g) Contra tamen hæc omnia sunt aliquot difficultates, quarum prima est, &c. Quarta quod in hunc usque diem omnes & singuli Presbyteri passim eligimus quibus confiteamur, Presbyteros, quorum tamen multi non habent in eligentes Jurisdictionem ullam. Neque dicas id facere consuetudinis ratione, cum consuetudo ut quis possit eligere Confessarium non valeat. Ibid.

que. *Nullâ potest consuetudine introduci quòd aliquis præter sui Superioris licentiam Confessorem sibi eligere valeat qui possit eum solvere & ligare.* Et pour troisiéme & derniere réponse, (a) il dit que les Prêtres choisissent tel Confesseur qu'ils veulent *du consentement tacite ou exprès des Superieurs ; car* ajoûte-t-il, *le Pape, les Evêques, les Archevêques, leurs Vicaires, les autres Prélats, LES CURE'S, voyant que tous les Prêtres choisissent leur Confesseur pour les lier ou les absoudre, sont censez y consentir tacitement dès qu'ils ne s'y opposent pas*, ce qui a lieu même *pendant la vacance du siége, parce que l'Evêque étant mort LE CURE' QUI PEUT DONNER CE POUVOIR EST EN VIE. Episcopo mortuo vivere adhuc Parochum qui eam facultatem facere possit.*

Navarre avoit dit auparavant en repondant aux difficultez que tout Prêtre lors de son Ordination recevoit *la Jurisdiction habituelle pour absoudre ou lier tous ceux qui se soumettent legitimement à lui... & qu'on se soumet legitimement à un Prêtre, lorsqu'on le fait avec la permission expresse ou tacite de son Curé.*

Enfin il établit plus bas cette regle. (b) Que *dans le doute lorsqu'on a le pouvoir de se choisir un Confesseur en vertu de la Loi ou par la permission de celui qui la donne, il paroît qu'en même tems selon l'opinion commune, le pouvoir d'absoudre est accordé à celui qui est choisi. In dubio autem quando vel à Lege vel ab homine fit facultas eligendi Confessarium, videtur quoque data potestas electo absolvendi secundum communem opinionem.*

Immediatement après ces paroles où sous le nom de *celui qui donne le pouvoir de se choisir un Confesseur, vel ab homine fit facultas eligendi Confessarium,* est compris le Curé, ainsi qu'il paroît visiblement par ce qui precede, viennent celles que l'Exposant avoit citées. (c) *Depuis la première édition de ces Commentaires le Concile de Trente a reglé, que nul Prêtre ne sera tenu pour capable de pouvoir entendre les confessions des Seculiers non pas même des Prêtres, s'il n'a un Benefice Curé, ou s'il n'est jugé capable par les Evêques & n'a leur approbation, &c. Decret qui semble rendre inutile ce que nous avons dit autrefois en traitant cette matiere dans ce chapitre; mais il n'en est pas ainsi, soit parce qu'il n'y a que les Clercs Seculiers & non les Reguliers à qui le pouvoir de choisir un Confesseur ait été ôté par le Decret du Concile, soit aussi parce que ce Decret n'ôte pas aux Seculiers le pouvoir de choisir un Confesseur approuvé ou un Curé étranger.*

(a) Quare tertiò respondeo hoc facere Presbyteros de facultate tacita vel expressa Superiorum. Videns enim hoc Papa, videntes Episcopi, Archiepiscopi & eorum Vicarii, videntes item alii Prælati, ET PAROCHI, Sacerdotes omnes deligentes sibi passim Confessarios qui eos & ligent & absolvant, neque ullatenus repugnantes, tacitè videntur velle ut id. fiat. Neque obstat quod aliquando huic solutioni opponebam, quod ergo Episcopo mortuo & Sede vacante id facere nequirent; quoniam primo dico, Episcopo mortuo VIVERE ADHUC PAROCHUM QUI EAM FACULTATEM FACERE POSSIT, & etiam Papam. Ibid. p. 358.

Respondeo quemlibet Sacerdotem per Ordine insignitur, Jurisdictionem accipere in habitu absolvendi atque ligandi illos omnes, qui ei se legitime subjecerint.... Confitens autem legitime se illis subjicit si cum licentia expressa vel tacita proprii Sacerdotis id faciat. Ibid. p. 396.

(b) In dubio autem quando vel à Lege vel ab homine fit facultas eligendi Confessarium, videtur quoque data potestas electo absolvendi, secundum communem opinionem.

(c) Post Editionem autem primam horum Commentariorum in Conc. Trid. statutum est in hæc verba decernit sancta Synodus, &c. per quod decretum videri potest alicui sublata necessitas disputandi de HIS quæ olim hic disputavimus. At non est ita, tum quia per prædictum decretum solum est sublata potestas deligendi secularibus Clericis non regularibus, tum quia nec secularibus adimitur deligendi Confessarium probatum, VEL CURÆ ANIMARUM PRÆFECTUM, QUAMVIS ALIOQUI ESSET ALIENUS. Ibid. p. 400.

Qui ne voit que le pouvoir qu'ont les Seculiers même de se choisir un Confesseur parmi les Prêtres approuvez ou les Curés étrangers, est le même pouvoir dont ils joüissoient auparavant, comme le suppofent ces paroles, *nec secularibus adimitur*, &c. Or l'Expofant vient de montrer que Navarre dans toute la suite de son Commentaire sur le chapitre *Placuit*, enseigne qu'on peut faire ce choix en vertu de la seule permission du Curé, ou du privilege accordé à certaines personnes par la Loi ; on le peut donc également selon ce Canoniste après le Concile de Trente.

La reflexion qu'il fait dans la nouvelle édition, où il laisse subsister tout ce qui étoit dans la premiere, n'est que pour servir de correctif à tout ce qu'il avoit enseigné dans ce chapitre sur cette matiere ; & non-seulement il avoit enseigné dans la Réponse aux Objections, comme on l'a vû, qu'en vertu de la seule permission du Curé on pouvoit choisir pour Confesseur tel Prêtre qu'on vouloit ; mais il l'avoit prouvé plus bas par son Texte. (a) ,, Nota tertio ex illis verbis *sine ejus consensu, cui prius* ,, *se commisit*, sufficere consensum Parochi, quò alius Sacerdos ipsius Pa-,, rochiani confessionem audiat, nihil enim aliud legis in Textu exigi, nisi ,, ipsius consensum. Ex quo sequitur, eum qui facultatem eligendi con-,, fessarium habet, posse sibi eligere quemcumque Sacerdotem etiamsi ,, nullam animarum curam actu exerceat. Facit C. *omnis*. quod habet ,, eum qui alii Sacerdoti quàm proprio, vult confiteri prius, debet pe-,, tere & obtinere licentiam à proprio. Ecce quod nihil aliud exigit , ,, quàm licentiam & facultatem. Ces paroles: Per quod Decretum [Concilii Trid.] videri potest alicui sublata necessitas disputandi de his quæ olim hic disputavimus ; at non est ita .... tum quia nec sæcularibus adimitur [potestas] deligendi confessarium probatum , vel curæ animarum præfectum, quamvis alioqui esset alienus : sont donc manifestement le correctif de celles-ci : Eum qui facultatem eligendi confessarium habet [à Parocho] posse sibi eligere *quemcumque* sacerdotem etiamsi nullam animarum curam actu exercet. C'est ainsi que Navarre en aver-tiffant, qu'à l'avenir les seculiers qui ont en vertu de la permission de leur Curé, ou autrement, le pouvoir de se choisir un Confesseur, ne pourront élire qu'un Prêtre approuvé ou un Curé étranger, reduit toute sa doctrine aux termes du Decret du Concile de Trente.

X.

Le Cardinal Tolet n'est pas moins favorable à l'Expofant que Navarre. Ce celebre Jesuite que Dominique Soto de l'Ordre de S. Dominique, qui avoit été son Professeur, & avoit assisté au Concile de Trente, appelloit *le Prodige d'esprit*, que le Pape Gregoire XIII. dans un Bref qu'il lui adressa environ l'an 1584. fait Juge & censeur de ses propres Ouvrages, & qui est si cher à la France pour avoir procuré la réünion du Roi Henry le Grand avec le S. Siége, s'exprime en ces termes: [b] *On peut se confesser à un autre qu'à son propre Curé avec sa permission: mais depuis le Concile de Trente cela doit être entendu autrement qu'on ne l'en-tendoit auparavant. On pouvoit avant le Concile se confesser à tel Prêtre idoine*

(a) Ibid. p. 401.   (b) Instr. Sacerd. lib. 3. cap. 13. n. 6.

qu'on

qu'on vouloit, cuilibet Sacerdoti, *quoiqu'il n'eût pas jurisdiction ; car le Curé pouvoit communiquer aux autres son autorité & sa Jurisdiction. Maintenant cela n'est point permis, parce qu'aujourd'hui nul Prêtre, s'il n'a un Benefice-Cure, ne peut sans la permission de l'Evêque entendre les confessions. Le Curé A DONC AUJOURD'HUI le pouvoir d'accorder à ses Paroissiens la faculté de se confesser à d'autres, pourveu qu'ils ayent la permission & soient approuvez de l'Evêque, du moins pour entendre les confessions dans quelque Paroisse. Il peut de même accorder la faculté de se confesser à d'autres Curez.* Habet ergo modò [poſt Concilum Tridentinum] Facultatem hanc Curatus ut conferat ſuis ſubditis facultatem confitendi aliis qui tamen per Epiſcopum licentiam habeant, & approbati ſint ut in aliquâ ſaltem Parrochiâ confeſſionem audire poſſint ; ſimiliter ut aliis Parochis confiteantur. Tolet étoit né en 1 5 3 2. & profeſſoit depuis quelque-tems en 1 5 6 3. que ſe tint la Seſſion 23. du Concile de Trente, où fut fait le Decret ſur cette matiere. Ce que ce Cardinal ajoûte, que le Curé a aujourd'hui le pouvoir d'accorder à ſes Paroiſſiens la faculté de ſe confeſſer à un Prêtre approuvé de l'Evêque, *du moins pour entendre les confeſſions dans quelque Paroiſſe*, eſt conforme aux Ordonnances Synodales de M. de Paulmy, tit. des Recteurs, art. 37. mais ne doit pas être mis en pratique, [a] les Curez du Dioceſe n'étant pas dans cet uſage depuis le Synode de 1698. & il eſt certain que ce ſentiment n'a pas pû avoir lieu que dans les cas où l'Evêque approuvoit un Prêtre pour une Paroiſſe, ſans limiter l'approbation à cette Paroiſſe, & c'eſt ainſi que l'a entendu Tolet. [b]

Au témoignage de ce Jeſuite, l'Expoſant joindra celui de pluſieurs autres Jeſuites, [c] d'Henriqués, de Vaſqués, de Suarés, &c. dont les deux derniers ſont l'oracle de la Societé. Dans l'Abregé de Suarés publié en 1732. par le P. Noël Jeſuite, on lit les paroles ſuivantes, qui ſont déciſives. [d] De idoneitate confeſſarii juxta jus antiquum, & juxta jus novum Concilii Tridentini. Dico 1°. Parochus ante Concilium Tridentinum juxta jus commune poterat & validè & licitè ſuam Juriſdictionem committere cuicumque Sacerdoti qui ſecundùm jus naturale ſeu divinum idoneus eſſet ad hoc Sacramentum adminiſtrandum, etiamſi aliam Juriſdictionem, vel Epiſcopi approbationem non haberet. Ita communiter T. T. Palud. Gabriël, Cajet. Navar. contra quoſdam antiquos : ſimiliter ſtando in jure antiquo per generalem facultatem datam ad eligendum confeſſarium, quilibet Sacerdos Jure Divino idoneus poterat eligi abſque ullâ conditione aut approbatione Jure humano requiſitâ. Sed dico. 2°. Poſt Decretum Concilii Trid. Seſſ. 23. cap. 15. non ſufficit ut *Sacerdos cui deleganda eſt* in hoc foro juriſdictio habeat omnia ex Jure Divino ſeu naturali requiſita ad hoc miniſterium peragendum ; ſed etiam requiritur ad audiendas ſæcularium [non regularium] confeſſiones, ut etiam habeat vel beneficium Parochiale, ſive ut ſit Parochus, vel ut habeat approbationem ab Epiſcopo...... Dico 3°. Item Parochus poteſt tantùm delegare ſuam Juriſdictio-

(a) 2. Let. circ. p. 24. (b) Edit. de 1695. art. 11.
(c) Apud Sylv. in Suppl. ad 3. part. q. 8. art. 5. quar. 6. Concl. 1.
(d) Compend. tom. 17. Suares part. 2. Diſp. 28. Sect. 3, & 4. p. 517. Colon. 1731.

E

nem, vel aliis Parochis, vel Sacerdotibus ab Epiſcopo Approbatis. Dico 4. Hæc approbatio non tantùm eſt neceſſaria neceſſitate præcepti, ſed etiam Sacramenti, ita ut abſolutio Data à Sacerdote non approbato ſive per Epiſcopum, ſive per beneficium Parochiale, ſit invalida & nulla. Is qui habet beneficium Parochiale cenſetur approbatus pro totâ Eccleſiâ, ſeu pro quocumque loco, ita ut ubique ſit proximè capax juriſdictionis ſi illi conferatur ab eo qui poteſt delegare. Suarés étoit né en 1547. il profeſſa publiquement à Alcala, à Rome, à Salamanque, d'où il fut tiré par l'ordre de Philippe II. pour remplir la premiere Chaire de Théologie dans l'Univerſité de Conimbre : il eſt remarquable qu'il vivoit dans le tems du Concile de Trente, & que lorſqu'il dit, qu'avant ce Concile le Curé pouvoit commettre & communiquer ſa juriſdiction à tout Prêtre d'ailleurs capable, quoiqu'il n'eût ni juriſdiction ni approbation de l'Evêque, il ajoûte que *quelques Anciens étoient d'un autre ſentiment*; *ita communiter* contra quoſdam antiquos; mais lorſqu'il dit *qu'après ce Concile celui qui a un Bénéfice-Cure eſt cenſé approuvé pour toute l'Egliſe, & eſt prochainement capable de recevoir la juriſdiction par tout, ſi elle lui eſt communiquée par celui qui peut déleguer, & que le Curé peut déleguer ſa juriſdiction aux autres Curez*; il ne repreſente pas ce point comme conteſté, & jamais Auteur n'a été plus attentif à marquer les differentes opinions.

XI.

Becan, autre Jeſuite, qui fut Confeſſeur de Ferdinand II. & enſeigna pendant vingt deux ans la Théologie à Mayence, à Virtsbourg & à Vienne en Autriche, diſtingue exactement comme Suarés, la juriſdiction ordinaire & deleguée dont parle le Concile de Trente Seſſ. 14. chap. 7. & l'approbation dont il eſt mention dans la Seſſ. 23. chap. 15. également neceſſaires l'une & l'autre pour pouvoir entendre les confeſſions. " Le Concile de Trente Seſſ. 23. ch. 15. dit ce celebre Contro-,, verſiſte. (*a*) demande que le Confeſſeur ſoit approuvé... On peut ,, être approuvé en deux manieres. 1°. De Droit. 2°. Par l'Evêque. ,, Les Curez à raiſon de leur benefice Paroiſſial, ſont cenſez ap-,, prouvez de droit. L'approbation de droit paroît avoir lieu hors ,, du Dioceſe, parce qu'elle ne dépend pas de l'Evêque, par ,, cela même qu'elle eſt de droit Commun, & par conſequent elle ,, n'eſt pas limitée au Dioceſe de l'Evêque. L'approbation du Curé a ,, lieu dans tout le Dioceſe, & même hors du Dioceſe; il n'a pour-,, tant juriſdiction que dans ſa Paroiſſe. Becan continuë, & dit : ,, L'approbation qui eſt de droit ne peut être revoquée, ſi ce ,, n'eſt quand les Curez ainſi approuvez ſont, à cauſe de leurs ,, crimes ou de leur ignorance, declarez ſuſpens par l'Ordinaire, ,, ou qu'on leur donne un Coadjuteur.

Concilium Tridentinum Seſſ. 23. cap. 15. requirit approbationem Con-

---

(*a*) Summ. de Sacr. in ſpecie cap. 38. quæſt. 114

feſſarii... 1ª. Concluſio : Approbatio confeſſarii fit dupliciter, 1º. ipſo jure. 2º. ab Epiſcopo. Parochi cenſentur approbati ipſo jure ratione Benefici
Parochialis. Cæteri ut ſæculares Sacerdotes & Religioſi debent ab Epiſcopo approbari... 2ª. Conclusio : Approbatio ab Epiſcopo facta tantùm
valet in Diœceſi illius Epiſcopi. ... approbatio quæ ipſo jure fit, videtur
etiam valere extra Diœceſim, quia hoc ipſo quod fit communi
non dependet ab Epiſcopo ; ac proinde non limitatur ad Diœceſim
Epiſcopi. Hinc patet aliud eſſe approbationem, aliud verò juriſdictionem...
ſimiliter quivis Parochus habet approbationem reſpectu totius
Diœcefis & extra Diœceſim non tamen habet juriſdictionem, niſi in
ſuam Parochiam. Concluſio 3ª. approbatio ab Epiſcopo facta poteſt ab
Epiſcopo facta poteſt ab Ediſcopo revocari ... approbatio verò quæ ab
ipſo jure fit, non poteſt revocari ab Epiſcopo, niſi quando Parochi
qui hoc modo approbati ſunt, ob delicta aut ignorantiam ſuſpen-
derentur ab Ordinario, vel aliquis eis Coadjutor adjungeretur &
aſſignaretur.

Becan dit ici, que *de Droit commun, tout Curé eſt approuvé pour tout le
Dioceſe*, & même pour les autres Dioceſes, mais qu'il n'a Juriſdiction
que ſur ſa Paroiſſe ; & il avoit dit plus haut, (a) qu'*on reçoit en deux manieres la Juriſdiction, 1º. par la voye ordinaire quand on eſt fait Evêque ou
Curé. 2º. par Commiſſion, quand le propre Paſteur confie à un autre ſes Ouail-
les, & le commet pour tenir ſa place*... *C'eſt ce que peut faire l'Evêque dans
ſon Dioceſe, & LE CURE DANS SA PAROISSE*. Juriſdictio neceſſaria
ad abſolvendum, &c. fit autem dupliciter 1. viâ ordinariâ, ut quando
aliquis conſtituitur Epiſcopus alicujus Diœceſis, aut Parochus alicujus Parochiæ. 2º. Ex commiſſione, ut quando proprius Paſtor ſuam Ovem
alteri committit, non conſtituendo illum Paſtorem ex officio, ſed ſuas
illi vices committendo, & hoc facere poteſt... Epiſcopus in ſuâ Diœceſi
& Parochus in ſuâ Parochiâ.

Tout Curé eſt donc approuvé ſelon Becan même, pour les Paroiſſiens étrangers ; & puiſque les autres Curés qui peuvent lui déléguer
leur Juriſdiction, le commettent pour entendre les Confeſſions, rien
ne lui manque de ce qui eſt neceſſaire pour cet effet, & l'Evêque ne
peut l'empêcher que dans les cas & forme de Droit, parce que tout
cela *ſe fait de Droit commun*. Hoc ipſo quod jure fit communi non dé-
pendet ab Epiſcopo.

XII.

C'eſt encore parce qu'un Curé eſt *approuvé de Droit commun*, qu'il
peut être commis, ſelon cet Auteur, par les Curés des Dioceſes étrangers, à la difference des Prêtres qui ne ſont approuvez que de l'Evêque,
dont l'approbation ne peut avoir lieu hors des limites de ſon Dioceſe,
& y eſt reſtreinte par le Concile de Trente, qui exige *l'approbation des
Evêques*, afin de les mettre à cet égard au niveau des Curés, dont l'approbation prend, pour ainſi dire, naiſſance dans le titre que leur fait
l'Evêque, & eſt étenduë au-delà des bornes non-ſeulement de leur Paroiſſe, mais du Dioceſe, par l'autorité de l'Egliſe Univerſelle qui a
établi le droit commun ; & il n'y a perſonne qui dans les paroles ſui-

(a) Ibid. quæſt. 2. ſub fin.

vantes de ce Concile, ne voye que le titre Curial est l'équivalent *de l'approbation des Evêques*, & fait qu'on est censé capable d'entendre les Confessions dans toute l'Eglise, comme un simple Prêtre l'est dans tous les Diocèses où il est approuvé. (*a*) *Nisi aut Parochiale Beneficium, aut ab Episcopis idoneus judicetur & approbationem obtineat.* Comme neanmoins divers Auteurs, sur tout Van-Espen, (*b*) trouvent qu'*il y a plus de difficulté à l'égard des Curés d'un Diocèse étranger*, & que les differens usages des Diocèses peuvent augmenter la difficulté, l'Exposant a cru devoir imiter la sage conduite des Controversistes, & se borner au point précis de la dispute qui s'étoit élevée au Synode; sçavoir, si les Curés du Diocèse de Rodés, qui conformément au Droit commun, sont dans l'usage constant & immemorial de se commettre mutuellement pour l'administration du Sacrement de Penitence, peuvent être troublez dans leur droit & possession? Et on ne voit pas comment sur ce fondement, M. l'Evêque prétend que l'Exposant *abandonne absolument* les Auteurs qui soutiennent, que de Droit commun, les Curés sont approuvez pour toute l'Eglise.

Il n'étoit donc pas si *inutile de suivre en détail les Théologiens & les Canonistes* que l'Exposant vient de citer; & le Public a été surpris de voir que Mr. l'Evêque ne daignât pas honorer d'un mot de réponse, sur tout le Cardinal Tolet, Vasqués, Suarés, Becan, que la Société regarde comme ses principaux ornemens. Ce qui rend leur témoignage plus considerable, c'est qu'ils ont vécu dans le temps du Concile de Trente, & ont pû apprendre des Peres même du Concile, le veritable sens du Decret: Leur autorité ne peut donc être contrebalancée par celle d'un très-petit nombre d'Auteurs modernes, qui ne font que proposer en passant l'opinion contraire, ne l'appuyent que sur les plus foibles fondemens, & y mettent, comme l'Exposant le justifiera, des restrictions qui condamnent la prétention de M. l'Evêque. Au lieu que le suffrage des Auteurs contemporains, indépendamment de leurs raisons, est d'un grand poids par lui-même, en ce que à la qualité de Théologiens & de Canonistes, ils joignent celle de témoins & d'historiens de ce qui s'est passé à ce sujet au Concile de Trente.

Ce que le Cardinal du Luc dit, (*c*) que les Declarations de la sacrée Congregation données dans les premiers temps en interpretation des Decrets du Concile, sont d'une plus grande autorité que les autres, à cause que plusieurs des Membres qui le composoient alors, avoient assisté au Concile, a d'autant plus de lieu à proportion par rapport aux Auteurs citez en faveur des Curés, que Bonal n'a pû s'empêcher d'avoüer que l'opinion contraire *est nouvelle*. Après cet aveu, on a peine à comprendre comment Mr. l'Evêque qualifie de sentimens *de Novateurs* celui qui est favorable aux Curés. Le contraste est singulier: Aux yeux de Mr. l'Evêque, les Alexandres, les Van-Espen, les Habert, sont orthodoxes; & les Tolets, les Henriqués, les Vasques, les Becans, les Suarés sont des *Novateurs*; & qui pis est, la Société persevere dans la défense de

<hr/>

(*a*) Sess. 23. cap. 15.
(*b*) Major difficultas est ut Parochus alienæ Diœcesis sine ullâ Episcopi Diœcesani approbatione admittatur ad excipiendas Confessiones de solâ Parochi aut Superioris regularis licentiâ, quemadmodum Synodus Namercensis permittere videtur. Jus Univ. part. 2, lib. 6. cap. 6. n. 10.
(*d*) In Annot. Conc. Trid. disc. 1.

cette

cette prétenduë nouveauté : car dans la Somme de Suarés, publiée en 1732. avec les approbations ordinaires, l'Abbréviateur assez embarrassé *à enfermer la Mer dans un petit vaisseau*, & obligé à faire bien de retranchemens pour reduire vingt-quatre gros volumes *in folio*, en un seul mediocre, n'a pas laissé que de conserver assez au long ce que Suarés dit sur cette matiere pour établir le droit des Curés. Mais reprenons la chaîne des Théologiens & des Canonistes, qui ont crû que le Concile de Trente avoit decidé ce point en faveur de ceux qui ont un Benefice Paroissial.

XIII.

Le Cardinal de Lugo Jésuite, né l'an 1583. qui professa la Théologie à Rome pendant plus de vingt ans, *(a)* se déclara pour le sentiment que soûtient l'Exposant. Zerola, Evêque de Minori, connu par son Ouvrage intitulé : *La Pratique Episcopale*, *(b)* & qui vivoit à peu près dans le même temps, prétend également qu'un Curé, du moins dans toute l'étenduë du Diocése, peut entendre les Confessions du consentement des Curés des lieux.

Le Concile de Trente distingue ici [Sess. 23. chap. 15.] *deux choses, en vertu desquelles un Prêtre est tenu pour capable d'entendre les Confessions, sçavoir le Titre Curial, ou l'approbation de l'Evêque ;* ainsi parle Sylvius Vice - Chancelier de l'Université de Douay, *(c)* que M. de Fenelon Archevêque de Cambray appelle *le celebre Docteur des Païs bas.* Ce Théologien en conclut, *qu'un Curé tant qu'il est en place, est censé approuvé par tout, en sorte qu'il peut entendre les Confessions même dans les autres Diocéses, pourvû que les Curés des lieux lui communiquent leur Jurisdiction.* Parochus QUAMDIU HABET BENEFICIUM PAROCHIALE, censetur ubique approbatus ut etiam in aliis Diœcesibus possit audire confessiones, modò Jurisdictionem accipiat à Parochis pœnitentium. Concilium enim ponit DUO DIVERSA quibus reputatur aliquis idoneus, VEL quod habeat Parochiale Beneficium, VEL quod sit alioqui approbatus ab Episcopis. Beuvelet dans son Manuel *(d)* où il declare qu'il n'y avance *presque rien qu'il n'ait emprunté des Manuels qui sont en usage dans chaque Diocése,* & dont il cite jusqu'à trente-sept, à la tête desquels est celui de Rome, après avoir remarqué, *(e)* que selon *le Concile de Trente,* Sess. 14. chap. 7. *l'Absolution est nulle lorsqu'elle est donnée par un Prêtre qui n'a aucune Jurisdiction sur le Penitent ni ordinaire ni déleguée,* dit que *la Jurisdiction ordinaire est donnée par la Collation de quelque Benefice... qu'elle reside dans les Evêques à l'égard de leurs Diocésains, & dans les Curés à l'égard de leurs Paroissiens ;* & ajoûte que *la Jurisdiction déleguée est celle qui se donne par ceux qui ont la Jurisdiction ordinaire.* Les Curés pour administrer le Sacrement de Penitence aux Paroissiens étrangers, peuvent donc *recevoir d'ailleurs que l'approbation de l'Evêque, (f) la Jurisdiction necessaire pour la validité de la Confession.*

Mais de tous les Auteurs qu'on peut citer, Fagnan est un de ceux dont

(a) S. Beuve. tom. 3. Cas 25.
(b) Prax Pœnit. cap. 16. q. 4.
(c) Sylvius in Suppl. ad 3. part. q. 8. art. 5. quær. 6. Concil. 1.
(d) Préfac.
(e) Man.. chap. 5. sect. 2.
(f) I. Lett. Circ. p. 7.

F

l'autorité sur cette matiere est d'un plus grand poids ; il étoit Secretaire de la Congregation des Cardinaux Interprêtes des Decrets du saint Concile de Trente ; & le P. Thomassin dit de lui (a) qu'il ne le cite si volontiers, que parce que *durant l'espace de plus de cinquante ans, il a assisté & souvent présidé à toutes les Affaires, Consultations & Déliberations de l'Eglise Romaine ; en sorte qu'il doit être moins regardé comme un Canoniste, que comme un Historien & un Témoin de ce qui a été decidé dans les Tribunaux Romains.*

Or Fagnan declare (b) *qu'aujourd'hui* [depuis le Concile de Trente] *la permission que donne le Curé à un Prêtre qui n'est pas Curé pour entendre les Confessions, ne suffit pas, qu'il faut la permission & l'approbation de l'Evêque :* Hodie enim IN SACERDOTE NON PAROCHO, hujusmodi [Parochialis Presbiteri ad audiendas Confessiones] licentia non sufficit ; sed requiritur licentia & approbatio Episcopi. Ce qui dans le Sommaire du Chapitre est exprimé en ces termes : *La permission du Curé ne suffit pas aujourd'hui, afin qu'une personne puisse se confesser à un Prêtre étranger, QUI N'EST PAS CURE, OU qui n'est pas approuvé.* Parochi licentia hodie non sufficit ut quis confiteri possit alieno Sacerdoti, NON PAROCHO AUT non approbato.

M. l'Evêque trouve dans le Texte de ce Canoniste *quelque obscurité :* (c) Cependant rien de plus clair. Fagnan enseigne qu'aujourd'hui avec la seule permission du Curé, on ne peut choisir pour son Confesseur un Prêtre *QUI N'EST PAS CURE*, qu'il faut la permission & l'approbation *de l'Evêque.* On peut donc aujourd'hui avec la seule permission du Curé, choisir pour son Confesseur un autre Curé ; autrement pourquoi dire que cette permission ne suffit point par rapport à un autre Prêtre *qui n'est pas Curé*, in Sacerdote non Parocho ?

Il faut que M. l'Evêque n'ait point trouvé *d'obscurité dans le Sommaire du 60. Nomb.* puisque pour toute réponse il dit, que *l'Auteur du Sommaire est très-incertain, & ne peut pas faire dire à Fagnan le contraire de ce qu'il a dit effectivement.* On aura peine à croire qu'ayant publié lui-même son ouvrage, il ait chargé un autre de faire le Sommaire, & encore moins qu'il ait confié ce soin à une main infidele ou ignorante, & sans examiner si on auroit bien pris son sens. Quoiqu'il en soit, le Sommaire est court, énergique & l'ouvrage d'un habile homme ; en l'ôtant à Fagnan, M. l'Evêque ne fait que grossir le nombre des Auteurs citez en faveur des Curés ; car pour cela, il n'en faudra point retrancher ce Canoniste. Voici d'autres Textes auxquels il est impossible de se réfuser.

Avant le Concile de Trente, dit Fagnan, (d) *il n'y avoit qu'une seule chose qui empêchât de se confesser à un Prêtre étranger, sçavoir le défaut de permission de son Curé ; mais le Concile de Trente chap. 15. Sess. 23. a ajoûté un second empêchement, qui est que personne n'est capable d'entendre les confessions des Seculiers, s'il n'a un Benefice Curé, ou s'il n'est approuvé de l'Evêque.* On peut donc, selon ce celebre Canoniste, se confesser à un Prêtre étranger pourvû qu'on ait la permission de son Curé, &

(a) Vet. & Nov. Eccl. Discipl. tom. 1. part. 1. lib. 3. cap. 40. n. 14.
(b) In 2. part. v. lib. Decret. de Pœnit. & Rem. cap. *Omnis.*
(c) II. Lett. Circ. p. 18.
(d) Ibid. p. 131.

qu'on s'adresse à un autre Curé, puisqu'alors les deux seuls empêche-mens font levez. *Observandum est autem ante Concilium* [*Trid.*] *Unicum fuisse impedimentum ; quia nemo poterat confiteri, alieno Sacerdoti sine proprii Sacerdotis licentiâ, ut patet in hac Decretali ; sed hodie ex Concilio* [*Trid.*] *additum est alterum in dict. cap. 15. Seff. 23. id est, ut nemo sit idoneus ad confessiones Sæcularium audiendas, nisi Parochiale Beneficium habeat, vel sit approbatus ab Episcopo.*

Fagnan examinant ailleurs (a) le privilege qu'ont les Cardinaux de se choisir un Confesseur, & s'étant objecté que ce privilege paroît aujourd'hui inutile : non répond-il, parce qu'ils peuvent choisir un Curé étranger, ce qu'ils ne pourroient pas faire sans ce privilege, suivant le Canon *Omnis utriusque sexus* qui veut que chacun se confesse à son Curé ; *car il n'est point d'Auteur qui sur ce Canon n'observe, & cela est conforme à l'esprit de la sacrée Congregation,* continuë ce Canoniste, *qu'un Curé ne peut entendre la confession d'un Paroissien étranger sans la permission du propre Curé, même dans l'étenduë de sa Paroisse, Parce que la Confession sacramentelle est un acte judiciel qu'on ne peut exercer sur celui sur lequel le Prêtre n'a ni Jurisdiction ordinaire ni deleguée, comme l'a defini le Concile de Trente.* Si la raison pour laquelle un Curé peut entendre la confession d'un Paroissien étranger sans la permission du propre Curé, est que la Confession sacramentelle est un acte judiciel qu'on ne peut exercer sur celui sur lequel on n'a ni Jurisdiction ordinaire ni deleguée ; c'est donc le propre Curé qui en accordant la permission de s'adresser à un autre Curé le delegue & lui communique sa Jurisdiction. *Omnes notant & est mente S. Congreg. Parochum non posse audire confessiones alterius Parochiani sine proprii Sacerdotis licentiâ intra limites propriæ Parochiæ, CUM Confessio sacramentalis sit actus judicialis qui exerceri non potest in eum in quem Sacerdos Ordinariam vel delegatam non habet Jurisdictionem, ut est definitum in cap. 7. de Caf. Ref. Seff. 15. Conc. Trid.*

La permission du Curé, dit encore Fagnan, (b) à laquelle est équivalente la permission qui vient du privilege accordé par le droit, ne suffit pas si celui qui doit entendre la confession n'est d'ailleurs capable de pouvoir absoudre ; quand la permission est simplement donnée à un Paroissien de se choisir un Confesseur, ce Paroissien ne peut choisir qu'un Prêtre en exercice, *PAR EXEMPLE UN CURE* ; il faut dire la même chose lorsqu'on a de droit cette permission.... D'où il faut conclure avec l'Abbé de Palerme & l'Auteur des Décisions de l'Officialité de Toulouse, que les Evêques & les Prélats [qui par la Decretale, *Ne pro dilatione,* ont le privilege de se choisir un Confesseur] doivent choisir un Curé ou un Prêtre qui ait le pouvoir de lier & d'absoudre ; ce qu'il faut encore plus exactement observer depuis le Decret du Concile [de Trente] qui expressement rend inhabiles tous ceux qui n'ont pas un Benefice Cure ou ne sont pas approuvez. *Non sufficit licentia proprii Sacerdotis cui æquivalet licentia ex privilegio Juris, nisi ille qui audire debet confessiones aliàs idoneus sit ut possit absolvere pœnitentes. Tertiò, quando simpliciter datur licentia Parochiano eligendi Confessorem, non potest eligi nisi is qui habet executionem, UT PUTA CURATUS.* Gloss. &c. ergo idem quando à Jure hu-

(a) Ibid. in cap. Ne pro dilatione p. 147.   (b) Ibid. p. 140.

julmodi licentia tribuitur, ut hîc... ex quibus concludendum cum Abb. hîc in fine & Capell. Tholof. decif. 122. talem eligendum per Epif-copos & Prælatum debere effe CURATUM, VEL aliàs habere po-teftatem ligandi & folvendi in actu ; quod multo magis tenendum eft POST CONCILIUM quo expreffe in dict. cap. inhabilitati funt om-nes qui aut Parochiale Beneficium non obtinent, aut aliàs approbati non funt. Ibid. p. 140.

Peut-on dire en termes plus formels, que même depuis le Concile de Trente les Curés font tenus pour capables d'entendre les confef-fions non-feulement de leurs Paroiffiens, mais encore des Paroiffiens étrangers qui leur portent une permiffion de leur propre Curé, ou qui ont de droit [*ce qui eft l'équivalent de cette permiffion*] le privilège de fe choifir un Confeffeur ?

Cet illuftre Secretaire de la facrée Congregation établie pour l'in-terpretation des Decrets du S. Concile de Trente, rapporte (*a*) qu'elle a déclaré, que le S. Concile n'avoit pas ôté aux Evêques le privilege de fe choifir un Confeffeur, mais qu'étant hors de leur Diocèfe, ils devoient choifir parmi les Curés ou les Prêtres approuvez de l'Ordinaire; que cette décifion fût confirmée par le Pape Gregoire XIII. fur le rapport qui lui en fut fait; & que ce qui fervit de fondement à cette dé-cifion eft ce qu'il a dit en traitant la queftion precedente depuis le nombre fix jufqu'au nombre trente ; or le dernier paffage de Fagnan que l'Expofant vient de citer, eft tiré de cet endroit, & depuis le nom-bre fept jufqu'au quatorze la matiere y eft éclaircie fuivant les mêmes principes. Ce qui a fervi de fondement à la décifion du Pape Gregoire XIII. fuivant laquelle les Evêques en vertu de leur privilege qui fub-fifte depuis le Concile de Trente, peuvent étant dans un Diocèfe étranger fe choifir un Confeffeur parmi les Curés ou les Prêtres ap-prouvez de l'Ordinaire, eft donc que *ce privilege eft l'équivalent de la permiffion donnée à un Paroiffien par fon Curé* : Licentia proprii Sacer-dotis cui æquivalet licentia ex privilegio Juris. D'où il fuit qu'on re-garde à Rome comme inconteftable, qu'en vertu de la permiffion de fon Curé, un Paroiffien peut fe choifir un Confeffeur parmi les Cu-rés ou les Prêtres approuvez de l'Ordinaire ; car ce qui fert de fon-dement à une décifion doit être ferme.

Fagnan ne dit pas fi cette décifion confirmée par le Pape, a paru fignée du Cardinal Préfet & du Secretaire de la Congregation & fcel-lée en la forme accoûtumée ; mais le fçavant Pere Serry dans fon Hif-toire des Congregations *de Auxiliis* remarque que quoique ces fortes de décifions n'ayent pas force de Loi même en Italie fans cette forma-lité, on ne revoque point en doute ce qu'en rapporte hiftorique-ment Fagnan. La profonde érudition & la bonne foi reconnuë de cet Auteur fuppléent prefque à la forme.

La Cour eft en état de juger de ce qu'avance M. l'Evêque, (*b*) *que Fag-nan ne dit ni oui ni non, qu'il laiffe la queftion indécife, qu'il n'en dit mot, foit parce qu'elle n'avoit pas été agitée & decidée dans le temps qu'il étoit Secretaire de la Congregation des Cardinaux Interpretes des Decrets du S. Concile de Trente, foit parce qu'il n'a pas voulu l'examiner lui-même &*

(*a*) Ibid. p. 140. & 147.   (*b*) 2. Lett. Circ. p. 20.

en dire son sentiment ; & qu'en effet ce Canoniste ne rapporte là-dessus aucune preuve, aucune autorité, aucune décision.

A Fagnan vient se joindre Mr. Gibert. (*a*) Ce celebre Canoniste François dont l'Ouvrage a été imprimé en 1735. après avoir pesé les raisons de Tambourin, qui prétend que ceux qui joüissent du privilege accordé par Gregoire IX. de pouvoir se choisir un Confesseur, peuvent s'adresser à un simple Prêtre non-approuvé de l'Evêque ; & les raisons de Fagnan, qui soûtient qu'ils sont tenus de choisir parmi ceux qui sont approuvez de droit, à raison de leur Benefice, ou ceux qui sont approuvez de l'Evêque, dit que le sentiment de ce dernier *s'accorde mieux avec la Discipline établie par le Concile de Trente au chap.* 15. *de la* 23. *Sess.* & met *les Curez* au rang de ceux qui *sont approuvez de droit*, & peuvent être choisis pour Confesseurs par les étrangers qui joüissent du privilege de choisir, *en vertu duquel la jurisdiction necessaire est donnée au Curé par le choix qu'on en fait, mais non l'approbation qu'il avoit de droit.*

Cet Auteur a donc crû que l'approbation d'un Curé n'étoit pas limitée à ses Paroissiens. Maxime qui sappe par les fondemens la prétention de M. l'Evêque. La permission de pouvoir choisir un Curé étant, suivant Fagnan, que Mr. Gibert ne fait que copier ici, l'équivalent du privilege accordé de droit *aux Evêques & autres Superieurs: Licentia proprii Sacerdotis*, cui æquivalet licentia ex privilegio juris: c'est-à-dire, que la jurisdiction étant communiquée en vertu de cette permission ou du privilege de choisir, on peut s'adresser à un Curé qui est approuvé de droit, & tenu pour capable en general d'entendre les confessions.

L'Exposant se contente d'indiquer ici le témoignage du celebre Mr. Hallier, qu'il rapportera plus bas : il va finir par celui de Mr. de S. Beuve. Ce Docteur Théologien du Clergé de France, & choisi par l'Assemblée de Mante pour composer une Théologie Morale, décide (*b*) que *dans un Diocese où les Curez se sont donnez reciproquement le pouvoir de confesser les Paroissiens les uns des autres, les Curez qui n'ont pas l'approbation de l'Evêque, OUTRE leur Titre curial, peuvent entendre les confessions des Paroissiens de leurs confreres ;* & il nous apprend, que *c'est l'usage approuvé par le commun sentiment des Théologiens ;* & ajoûte, que *les Curez peuvent confesser dans les Paroisses de leurs confreres, avec leur permission.*

M. l'Evêque tâche d'éluder cette autorité en disant que Mr. de S. Beuve ne fonde son sentiment que sur l'usage. L'Exposant fera voir quelle est la force de la coûtume, lorsqu'elle est ancienne comme celle-ci : D'ailleurs ce Docteur renvoye à des Théologiens qui se fondent sur le Droit Commun.

Ce que l'Exposant vient d'établir lui fournit un moyen invincible d'a-

---

(*a*) Sententia Fagnani congruit aptiùs cum disciplinâ recens constitutâ à Conc. Trid. cap. 15. Sess. 23. quâ prohibetur nequis Sacerdos audiat confessiones nisi *approbetur jure* per suam Beneficium vel ab Episcopo per approbationem ad hoc expressam. Ex eo enim sequitur Abbates nec-non Episcopos & Cardinales non posse per suum privilegium eligere sibi alios confessarios in Diocesibus *alienis* quam eos qui in illis approbati sunt uno ex istis *duobus* modis. Gibert Corp. Jur. Canon. tom. 3. Tract. de Sacram. tit. 7. App. ad Tract. de Pœnit. sect. 4. quæst. 5.

Sacerdotes non approbati ab Ordinario loci carent aliquâ ex qualitatibus & dotibus necessariis ad audiendas Episcoporum *peregrinorum* confessiones. Nam præter jurisdictionem & Sacerdotium requiritur approbatio & non possunt illam accipere ex eo quod ipsos delegerint illi Episcopi in confessores nam inquit [Fagnanus.] Hæc optione datur tantùm illis *Jurisdictio* quam in eosdem non-habent Episcopos t in quo observandum est per transennam hanc rationem locum non habere in Pastoribus & Curatis cum sint jure approbati ratione sui beneficii cui animarum onus addictum est & consequenter quoad alios qui similem à suo beneficio approbationem mutuantur. Ibidem ut suprà.

(*b*) Tom. 3. Cas, 25.

G

bus : il n'en est pas de plus marqué que la contravention aux Decrets de l'Eglise Universelle. (*a*) Or la celebre clause du Canon, *Omnis utriusque sexus* du Concile general de Latran porte qu'un Curé peut confesser les Paroissiens étrangers avec le consentement de leur Curé ; c'est ainsi que l'ont entendu tous les Canonistes qui ont écrit depuis ce Concile jusqu'au Concile de Trente. Le Concile de Trente loin de donner la moindre atteinte à cette disposition du Canon *Omnis utriusque sexus*, l'a renouvellé. Le Rituel Romain, qu'on peut regarder comme le Rituel de l'Eglise Universelle, donne le même droit aux Curez. Le Pape Gregoire XIII. l'a supposé comme incontestable. Les Auteurs qui ont vécu dans le tems du Concile de Trente l'ont prouvé par le Decret de ce Concile : une foule de celebres Théologiens & Canonistes l'ont depuis reconnu. Le moyen d'abus qui suffiroit seul, recevra des autres un nouveau degré de force.

DEUXIEME MOYEN D'ABUS.

L'Ordonnance de M. l'Evêque est contraire aux Reglemens de l'Eglise Gallicane.

Une des principales raisons pour lesquelles nos Rois se sont constament opposez à la publication du Concile de Trente, (*b*) est que ce Concile en certains points a dérogé à l'ancienne Discipline. Si le Decret de la 23. Sess. ch. 15. sur la matiere dont il s'agit, étoit contraire à l'ancien droit, il seroit donc rejetté dans ce Royaume ; & s'il y est tacitement reçu, ce ne peut être que parce qu'il est conforme aux Saints Canons.

Le cinquième Article du Réglement des Reguliers fait par l'Assemblée Generale du Clergé en 1625. & confirmé dans celles de 1635. 1645. & 1655. porte, (*c*) que *l'Eglise ayant saintement ordonné & expressément enjoint à tous les fidéles de se rendre à la Fête de Pâques en leur Eglise Paroissiale, pour y faire le devoir de bon Chrêtien, conformement à cette Ordonnance, il est enjoint à toutes personnes de se confesser & communier au moins à Pâques en sa Paroisse ; que si neanmoins il se trouvoit de personnes qui pour quelque consideration desirassent d'aller ailleurs qu'en leur Paroisse, ils seront tenus d'en prendre la permission de l'Evêque diocesain, de son Grand-Vicaire, ou de leur Curé.*

Le clergé regle ici la confession Paschale conformement à la disposition du Concile de Latran. ces paroles, *Si neanmoins, &c.* répondent à la clause, *Si quis autem alieno Sacerdoti, &c.* Mais pour ne laisser là-dessus aucun doute, l'Exposant n'a besoin que du témoignage de Mr. Hallier, qui ne sçauroit être suspect par aucun endroit, & que M. l'Evêque ne mettra pas au rang *des Novateurs.*

Ce Docteur (*d*) *& Professeur de Sorbonne, que le Clergé de France assemblé en* 1655. *appelle le sçavant défenseur de la Hierarchie Ecclesiastique, & que le*

(*a*) *Quartement, par appellations précises comme d'abus, que nos Peres ont dit être quand il y a attentat contre les Saints Decrets & Canons reçus en ce Royaume.* Traité des Lib. de l'Eglise Gall. art. 79.
(*b*) Dissert. sur la recept. & l'autor. du Concile de Trente en France. A la fin des Notes sur ce Concile.
(*c*) Mem. du Clergé, tom. 6. p. 1146. & 1176.
(*d*) Mem. du Clergé, tom. 6. p. 1146.

Pape Alexandre VII. tira de cette fameuse Ecole pour le faire Evêque de Cavail-
lon , a fait un sçavant Commentaire sur chacun des articles du Reglement des
Reguliers,où il prouve solidement qu'ils sont conformes aux Decrets des Conciles
& aux Decisions des Papes. Or Mr. Hallier expliquant le cinquiéme article
du Reglement des Reguliers , (*a*) dit que la Question de sçavoir, *si la con-*
fession annuelle doit être faite au propre Curé ou à un autre commis par lui.....
dépend fort du Canon du Concile de Latran sous Innocent III. An confessio an-
nua propria Curato, seu alteri ex ejus commissione fieri debeat... res ferè
pendet ex statuto Concilii Lateranensis sub Innocentio III. Il rapporte
tout de suite ce canon avec la clause, *Si quis autem alieno Sacerdoti, &c.*
Mais comme on auroit pû objecter que ce canon n'est plus observé , il
prouve (*b*) par un grand nombre de Conciles tenus en France & par les
Reglemens du clergé, qu'il est en vigueur, sur tout dans ce Royaume, même quant à cette clause ; & il ajoûte , que *les Libertez de l'Eglise Gallicane*
consistent proprement en ce que cette Eglise inviolablement & pour ainsi dire ,
opiniâtrement attachée aux anciennes Loix , les maintient dans toute leur for-
ce , & ne souffre ni qu'on les abolisse , ni qu'on leur donne la moindre atteinte ;
& in hoc propriè consistit ratio Libertatis Ecclesiæ Gallicanæ, ut antiqua-
rum Legum tenax, relaxationes earum non admiserit , sed ipsas mordicùs
retinuerit , nec privilegia ulla quibus istarum Legum vigor emolliretur
aut tolleretur , admiserit.

Enfin M. Hallier établit (*c*) qu'un Regulier approuvé dans un Diocése , n'est pas censé approuvé pour un autre ; & il l'établit sur ce fondement , qu'un Curé en vertu de son titre, n'est pas censé approuvé
pour entendre les Confessions hors du Diocése , & que le Concile de
Trente fait marcher de pair à cet égard l'approbation des Reguliers &
celle qui est renfermée dans le titre des Curés ; ce qui suppose manifestement que les Curés en vertu de leur titre , sont approuvez pour tout le
Diocése , de même que les Reguliers approuvez sans restriction. [Concilium Trid. cap. 15. Sess. 23.] Seculares & Regulares Beneficium Curatum habentes & Regulares approbatos quoad necessitatem approbationis æquiparat : at Sacerdotes seculares CURAM ANIMARUM HA-
BENTES, extra Diœcesim , in quâ curam animarum habent , Confessiones audiendi HOC TITULO non obtinent : ergo nec Regularium
ullus in unâ Diœcesi approbatus, extra Diœcesim istam facultatem nan-
ciscitur.

On ne doit pourtant pas conclure de ce que l'approbation des Reguliers
est revocable pour des causes survenuës , sans que l'Evêque soit tenu de
les expliquer, qu'il en soit de même de l'approbation des Curés pour
tout le Diocése. Cet Auteur parlant de la Jurisdiction des Curés , dit
qu'elle *est stable & perpetuelle, parce qu'elle est fondée sur leur titre.* (*d*) In
titulo fundatam quæ debeat esse perpetua & stabilis. Or il avoüe aussi que
leur approbation pour tout le Diocése est également fondée sur leur titre.
Extra Diœcesim in qua curam animarum habent confessiones audiendi
HOC TITULO non obtinent ; à la difference de la commission des Prêtres simplement approuvez de l'Evêque *qui n'est qu'une délegation, laquelle*

(*a*) Comm. in Ordin. universi Cler. Gall. circà Regul. ad art. 5. §. 1. 2. & seq.
(*b*) Ibid. §. 5.
(*c*) Ibid. ad art. 6. §. 9.
(*d*) Ibid. §. 10.

de sa nature ne demande pas d'être stable. (*a*) Commissio Confessarii est tantùm delegatio quæ naturâ suâ non exigit ut sit stabilis.

II.

Les Commentaires de Mr. Hallier, d'où l'Exposant a extrait ce qu'il vient de rapporter, ont été inserez dans les nouveaux Mémoires du Clergé, & imprimez par ordre de l'Assemblée generale de 1655. (*b*) *Commentarii in lucem Editi*)*ussu Cleri Gallicani* : c'est le titre de l'ouvrage ; ce qui suffiroit pour détruire la prétention de M. l'Evêque qui infere la necessité d'une approbation speciale pour les Curés de ces paroles de la même assemblée ; *conformément au Concile de Trente, les Curés ne se peuvent faire aider en leurs fonctions dans leurs Paroisses par aucun Prêtre, ni se confesser à à eux, s'ils ne sont approuvez des Evêques.*

Mais, 1°. ce Reglement ne comprend visiblement que les simples Prêtres, puisqu'on ne peut pas dire des Curés qu'ils ne sont pas approuvez des Evêques. Le titre Curial est une approbation Episcopale, & en consequence les Curés sont censez *approuvez de droit,* selon l'expression des Auteurs citez, à Jure approbati, pour entendre les Confessions des Paroissiens étrangers ; en sorte qu'il ne manque aux Curés, que d'être commis par leurs Confreres, & de recevoir d'eux la Jurisdiction, à peu près comme les Graduez sont de droit reputez capables de faire des Procedures Judiciaires ; en sorte qu'il ne leur manque que d'être commis par le Juge Ordinaire, qui par cela seul qu'il est Ordinaire, a droit suivant les Loix, de commettre des personnes tenuës pour capables.

2°. Ce qui confirme cette interpretation du texte du Clergé, c'est qu'il défend aux Curés de se confesser aux mêmes Prêtres, ausquels il leur défend de se faire aider dans leurs Paroisses : Or assurement le Clergé n'a pas voulu défendre aux Curés de s'adresser pour la Confession à d'autres Curés : (*c*) Ils ont de droit le privilege de se choisir un Confesseur ; & ceux qui contestent qu'ils l'ayent de droit, conviennent qu'ils l'ont par la coûtume. Or Fagnan (*d*) & Mr. Gibert reconnoissent que le droit de se choisir un Confesseur, emporte le droit de s'adresser à d'autres Curés ; & Mr. de S. Beuve qui n'ignoroit pas les Reglemens du Clergé de France dont il étoit Théologien, ayant été consulté sur un Reglement que vouloit faire un Evêque pour obliger les Curés à se confesser à des Confesseurs qu'il vouloit specialement approuver pour eux, (*e*) répondit que cela ne se pouvoit, à cause du privilege des Curés compris sous ces termes, *& alii Superiores* dans le chapitre *Ne pro dilatione de Pœnit. & rem.* & parce que *ceux qui sont chargez de plusieurs ames, sont capables de se conduire en se choisissant leur Confesseur, & d'administrer à leurs Confreres le Sacrement de Penitence.*

3°. Beuvelet qui écrivoit immediatement avant le Reglement de 1655. nous apprend (*f*) que de son temps *en quantité de lieux de la France, les Prêtres étoient en possession d'entendre les Confessions les uns des autres... sans*

(*a*) Ibid. §. 12.
(*b*) Tom. 6. depuis la p. 1150. jusqu'à la p. 1637.
(*c*) S. Beuve tom. 1. Cas 3.
(*d*) Tom. 3. in 2. part. V. Lib. Decret. de Pœnit. & Rem. Cap. Ne pro dilatione. n. 13.
(*e*) Tom. 1. Cas 3.
(*f*) Manuel. 1. part. c. 5. §. 1. sect. 2.

aucune

aucune approbation . . . contre la dérogation expresse du Concile [de Trente.].
C'est l'abus que le Clergé a voulu reformer, aussi bien que le Pape Alexandre VII. qui a condamné cette Proposition : *Qui Ecclesiam Curatam habent, possunt sibi eligere in confessarium, simplicem Sacerdotem, non approbatum ab Ordinario.* 4°. La chose paroîtra indubitable, si on fait attention que le Clergé dans ce Reglement ne statuë rien que *conformément au Concile de Trente ;* car on croit avoir montré que le Concile de Trente a décidé en faveur des Curés ; & tout l'avantage que M. l'Evêque a prétendu tirer du Decret de ce Concile (*a*), c'est qu'il *ne s'étoit pas expliqué là-dessus ; qu'il n'avoit rien déterminé* sur ce point.

Or dès qu'il est une fois établi que le Clergé de France faisant un Reglement sur cette matiere, n'a défendu aux Curés que d'employer dans leurs Paroisses de simples Prêtres non approuvez pour entendre les Confessions ; il a tacitement décidé qu'ils pouvoient se faire aider par d'autres Curés.

Mais ce que l'Assemblée de 1655. ne décide ici que tacitement, elle l'a fait plus expressément en approuvant les Commentaires de Mr. Hallier, & en faisant imprimer en son nom les Instructions Pastorales de S. Charles, traduites en François par ordre de Mr. de Montchal Archevêque de Touloûse, où on lit les Reglemens suivans : (*b*) *Nous défendons aux Curés des Eglises Paroissielles de s'ingerer d'ouir les Confessions d'aucun de notre Diocèse qui ne soit pas de leur Paroisse. C'est pourquoi s'ils ne connoissent pas que le Penitent en soit, ils l'en doivent interroger premierement ; & trouvant qu'il n'en est pas, ils ne le doivent point confesser.*

Les Curés neanmoins de la Ville, & ceux même de dehors qui sont à la campagne, pourront confesser ceux du Diocèse & les autres étrangers, qui hors le temps de Pâques se trouveront dans leurs Paroisses, pour quelque occasion que ce soit.

Les Curés pourront au temps de Pâques prendre pour les aider à entendre les Confessions, autant de Prêtres qu'ils jugeront à propos, POURVU NEANMOINS QUE CE SOIT D'AUTRES CURE'S OU des Prêtres d'ailleurs approuvez de Nous par écrit pour cette fonction.

Ils pourront encore avec permission, ou en vertu d'une Commission par écrit de notre Vicaire General, ou du Vicaire Forain dans son Vicariat, administrer le Sacrement de Penitence dans quelque Village dont la Cure sera vacante, ou qui en aura besoin, à cause de l'absence, ou de quelqu'autre legitime empêchement du Curé du lieu ; & pourront aussi entendre les Confessions de ceux QUI LEUR AURONT ESTE' RENVOYEZ POUR CE SUJET PAR LEUR PROPRE CURE', ou par leur Vicaire Forain, pourvû que les Penitens leur montrent par écrit la permission qui leur en aura été accordée.

Ces Reglemens qui marquent les cas où les Curés peuvent entendre la Confession des Paroissiens étrangers, soit dans leur propre territoire, soit hors des limites de leurs Parroisses, soit pendant le cours de l'année, soit dans le temps Paschal, excluent positivement la necessité de la permission, & d'une approbation speciale obtenuë de l'Evêque ; ne la requierent que dans les cas où un Curé va *administrer le Sacrement de Penitence dans quelque Village dont la Cure est vacante, ou qui en aura besoin, à cause*

(*a*) II. Lett. Circ. p. 15.
(*b*) Instr. de S. Charles, traduites d'Italien en François, imprimées par l'ordre de Mr. de Montchal Archevêque de Touloûse, p. 56, 57, 58. 1648. Proc. verb. de l'Ass. de 1655, 1656, 1657.

H

de l'absence, ou de quelqu'autre empêchement du Curé du lieu ; & nous apprennent à quoi on doit s'en tenir en cette matiere dans les Eglises de France, & font perdre à Mr. l'Evêque tout l'avantage qu'il croyoit tirer de quelques textes de S. Charles.

III.

(*a*) Le premier de ces textes porte : *Ne quis Parochus confessiones audiat hominum alienæ Parochiæ, nisi à nobis Vicariove Generali nostro scriptam hujus rei facultatem generatim aut sigillatim habeat.* Mais cette défense de confesser les Paroissiens étrangers sans la permission de l'Evêque ou de son Grand-Vicaire ne regarde manifestement que les Curés qui n'ont pas la permission de leurs Confreres ; car le cas où ils ont cette permission est excepté de Droit. Et S. Charles l'excepte lui-même dans ses instructions, ou après avoir fait *défenses aux Curés de s'ingerer d'oüir les Confessions d'aucun qui ne soit pas de leur Paroisse ;* il excepte divers cas sur-tout celui où les Paroissiens étrangers *leur sont renvoyez pour ce sujet par leur propre Curé.*

Cette réponse est confirmée par l'addition faite dans le même Synode & dans le même endroit à la Loi du 2. Concile Provincial de Milan qui ordonne de faire la Communion Paschale dans la Paroisse où l'on passe la plus grande partie de l'année ; *cui Decreto,* dit l'onziéme Synode (*b*) *hæc præterea cautio adhibeatur ne cuiquam, eâdem propositâ pænâ, alibi communionem sacram accipere liceat, ETIAM CONCESSU PERMISSUQUE PAROCHI, nisi id scripto nos probaverimus.*

Pourquoi dans un statut où l'on a coûtume de retrancher toutes paroles inutiles met-on cette clause, *etiam concessu permissuque Parochi,* si ces paroles, *nisi id scripto nos probaverimus,* sont suffisantes pour marquer que même avec la permission du Curé, on ne peut faire la Communion Paschale ailleurs que dans la Paroisse où l'on a passé la plus grande partie de l'année ? Elles ne suffisent donc point : & puisque cette même clause ne se trouve point dans le Réglement que nous examinons : *Ne quis Parochus confessionem audiat hominum alienâ Parochiæ, nisi à nobis Vicariove Generali nostro scriptam hujus rei facultatem generatim aut sigillatim habeat,* il s'ensuit que cette défense ne regarde que les Curés qui n'ont pas le consentement de leurs Confreres.

Le second texte de S. Charles cité par M. l'Evêque, est conçu en ces termes : (*c*) *Quod in nostris Sacramenti Pænitentiæ Instructionum additionibus cautum est, ut tempore Paschali Parochi aliorum Parochorum ministerio ad confessiones Parochialium suorum audiendas uti possint, id de Parochis tantummodò intelligi declaramus quibus EXTRA PAROCHIÆ PROPRIÆ FINES, ad audiendas confessiones probatis, scripta facultas data est. Quare unusquisque Visitator Parochorum suorum delectum habeat, quos ad audiendam confessionem Fidelium extra Parochiam suam degentium, DE PROPRIORUM PAROCHORUM FACULTATE AUDIRE CONTINGIT ; & quos delegerit, eorum nomina nobis significet, ut scripta facultas & probatio illis à nobis detur.*

(*a*) 2. Lett. Cite. p. 3.
(*b*) Act. Eccl. Mediol. tom. 1. part. 2. Synod. Diœc. XI. mon. exec. Decr. quæ ad sacram. pert. p. 408. Edit. Mediol. 1599.
(*c*) Act. Eccl. Mediol. part. 2, tom. 1. pag. 409. & 410.

Ces paroles, *Parochorum* .... *quos ad audiendam confessionem Fidelium extra Parochiam suam degentium , de propriorum Parochorum facultate audire contingit*: Suppofent que les Curés de Milan étoient dans l'ufage d'entendre les confeffions des Paroiffiens étrangers lorfqu'ils leur étoient adreffez par leurs propres Curés ; & S. Charles ne déroge ici en aucune maniere à cette coûtume fondée fur le droit commun. Il veut feulement que parmi les Curés à qui leurs Confreres témoignent cette confiance , le Vifiteur en choififfe un certain nombre , qu'il en envoye le nom à l'Archevêque , afin qu'il leur faffe expedier une permiffion pour pouvoir aller aider les autres Curés qui les appellent dans le tems Pafchal.

Mais , 1°. S. Charles & fon Synode ne défendent pas aux Curés même pendant le tems Pafchal de confeffer dans leur propre Paroiffe , les Paroiffiens étrangers avec le feul confentement de leur Curé : La défenfe ne regarde que les confeffions que les Curés vont entendre hors de leur territoire *extra Parochiæ propriæ fines*. 2°. S. Charles & fon Synode ne défendent pas aux Curés d'aller après la quinzaine de Pâques entendre hors des limites de leurs Paroiffes les confeffions des Paroiffiens étrangers avec la permiffion des Curés des lieux. Le texte que nous examinons fuppofe même que les Curés du Diocèfe de Milan étoient dans cet ufage , indépendamment de la permiffion de leur Archevêque qui ne touche pas à ce droit.

Loin donc de pouvoir inferer de ce texte que les Curés du Diocèfe ne pouvoient pas fans une approbation fpeciale de l'Evêque fe communiquer leur Jurifdiction , & fe commettre mutuellement pour adminiftrer le Sacrement de Pénitence dans toute l'étenduë du Diocèfe , il faut en conclure précifement le contraire pour tous les tems de l'année excepté le tems Pafchal , & que même dans ce tems , ils pouvoient fe commettre pour entendre les confeffions des Paroiffiens les uns des autres , pourvû qu'il les entendiffent dans leur propre territoire.

Ainfi ce Réglement a un autre motif que celui d'ôter aux Curés le droit de fe commettre mutuellement pour adminiftrer le Sacrement de Pénitence aux Paroiffiens les uns des autres , le reduit à la Loi d'une plus fevere réfidence dans le tems Pafchal , & ne tend qu'à procurer l'execution de ce Decret du premier Concile Provincial de Milan: (a) *Caveant Curati ne iis temporibus quibus confeffiones frequentiores effe folent , præcipuè per octo dies ante natalem Domini & à Dominicâ Paffionis ufque ad Refurrectionis Octavam , etiam aliò ad funera & alia facra Officia vocati , illud audiendæ confeffionis munus in fuâ Ecclefiâ fine caufâ neceffariâ prætermittant aut ullo modo differant*. On voit par le Decret de S. Charles du 10. Janvier 1567. (b) que la non-refidence étoit le vice dominant des Curés du Diocèfe de Milan. *Quoniam multorum qui Curata Beneficia... obtinent ea eft contumacia , ut neque veterum Canonum Conciliique Tridentini Decretis... adduci potuerint ut Beneficiorum fuorum refidentiæ quam debent præfentes fatisfaciant .... ad ultima remedia defcendere cogimur ;* & les paroles citées du premier Concile Provincial de Milan montrent que le prétexte de cette non-réfidence , même dans le tems Pafchal ,

(a) Act. Eccl. Mediol. part. I, tom. I, p. 11.
(b) Ibid. p. 450.

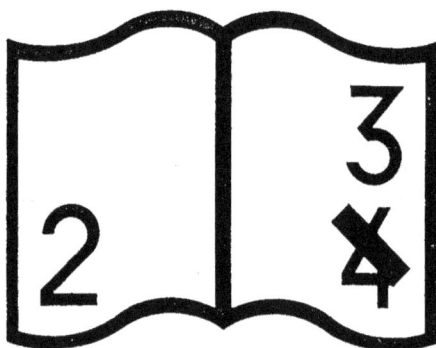

Pagination incorrecte — date incorrecte

NF Z 43-120-12

où les Curés doivent s'occuper des confeſſions de leurs Paroiſſiens, étoit ſouvent qu'ils étoient appellez par leurs Confreres ; *etiam aliò ad funera & alia ſacra Officia vocati, illud audiendæ confeſſionis munus in ſuâ Eccleſiâ, ſinè cauſâ neceſſariâ prætermittant aut ullo modo differant.*

(a) Seſſ. 23. de Reſſ. Cap. 1. Les ſaints Canons & principalement le Concile de Trente (a) défendoient aux Curés de s'abſenter ſur-tout dans le tems Paſchal ſans de raiſons legitimes. S. Charles dans l'onziéme Synode s'en reſerve particuliement la connoiſſance, & ordonne qu'on ne s'abſentera point pendant la quinzaine ſans ſa permiſſion par écrit. Comme ce n'étoit proprement que l'execution des Decrets des Conciles Generaux, il n'eſt pas ſurprenant que le ſaint Archevêque, pour ôter tout prétexte de non-réſidence dans ce ſaint tems, eût commencé de ſa ſeule autorité & avant l'onziéme Synode, d'introduire un pareil uſage, même dans les cas où les Curés ne s'abſentoient que pour aller entendre les confeſſions dans les autres Paroiſſes.

L'Expoſant qui n'avoit pas crû dabord qu'il fût neceſſaire d'approfondir les textes de ſaint Charles que M. l'Evêque oppoſoit, s'étoit contenté de donner cette réponſe peremptoire, que c'étoit un *ſtatut Synodal* [car c'eſt ainſi que ce ſaint Cardinal qualifie lui-même les Avertiſſemens de l'onziéme Synode, & en particulier celui qui eſt contenu *(b) Synodo XI. Decretum eſt. Act. Eccl. Mediol. Tom. 2. part. 4. Inſtr. Pœnit. p. 522. ad præſcriptum Synodi XI. Ibid. p. 520.* dans un des textes alleguez] (b) que *c'étoit par conſequent ſuivant le Pontifical Romain un ſtatut acquieſcé par les Curés du Diocèſe de Milan, qui avoient pû pour certaines raiſons & dans des circonſtances particulieres conſentir à la reſtriction de leur Juriſdiction.*

Cette conſequence, dit Mgr. l'Evêque, ſuppoſe que les Curés ont au Synode non ſeulement voix conſultative, mais auſſi voix délibérative & déciſive ; cependant c'eſt une maxime inconteſtable dans le droit que l'Evêque ſeul y a la voix déciſive. Et pour le prouver, Mgr. l'Evêque allegue le témoignage de Barboſa.. mais on ſçait l'hiſtoire de l'Ouvrage de cet Auteur ; & les autoritez qu'on rapporte à la marge. * font voir ſi la maxime eſt auſſi inconteſtable que le prétend Mgr. l'Evêque.

(c) Act. 15. 23. Ibid. v. 28. * La Lettre du Concile de Jeruſalem porte en titre : (c) *Les Apôtres & les Prêtres* ; & dans le Corps, *Il a ſemblé bon au Saint-Eſprit & à Nous :* Or il eſt évident que le terme de *Nous, Nobis,* ſe rapporte à ceux qui ont été nommez auparavant ; c'eſt-à-dire, aux Apôtres & aux Prêtres, & cet autre terme, *Il a ſemblé bon,* viſum eſt nobis, ne marque pas une ſimple Conſultation, mais une veritable déciſion. Auſſi l'Ecriture Sainte donne t-elle aux Reglemens faits au Concile de Jeruſalem le nom d'*Ordonnances des Apôtres & des Prêtres*... Præcepta Apoſtolorum & Seniorum. Tra-

Ibid. cap. 16. v. 4. debant eis cuſtodire Dogmata quæ erant Decreta ab Apoſtolis & Senioribus qui erant Jeroſolimis ;

Ibid. cap. 21. v. 18. & 25. & les Prêtres qui y avoient aſſiſté, dirent eux-mêmes à S. Paul : Nous avons écrit aux Gentils que nous avions jugé qu'ils ne devoient s'abſtenir, &c. JUDICANTES ſcripſimus.

Le Concile de Jeruſalem a été regardé comme le modéle des autres Conciles. Les Prêtres y ont dans tous les ſiécles aſſiſté & concouru à en former les Decrets, comme il paroît par les ſouſcriptions. Le Cardinal de Palerme, à la tête d'un certain nombre d'Evêques, voulut au Concile Oecumenique de Bâle, diſputer ce droit au ſecond Ordre. Le bienheureux Cardinal d'Arles, qui en étoit Préſident, prouva par les ſaintes Ecritures & par la Pratique de l'Egliſe, que les Prêtres avoient voix dé-

(d) Apud Æneam Sylv. de Geſt. Baſil. lib. 1. ciſive. (d) Si judiciariam poteſtatem habent Presbyteri in Eccleſiâ, quid eos prohibet in Conciliis vocem habere TERMINATIVAM ?... Conſtantienſis Concilii recens memoria extat, ubi & plurimi ex noſtris fuerunt, & ego etiam qui nondum Cardinalis nec Epiſcopus ſed tantum Doctor eram interfui, VIDIQUE SINE DIFFICULTATE inferiores cum Epiſcopis AD DECISIONEM rerum admitti arduarum ; nec pudere nos debet maximam illam & ſanctiſſimam Synodum imitari, quæ & Piſanum Concilium & illud ampliſſimum Lateranenſe ſecuta fuit, in quibus JUDICASSE CUM EPISCOPIS PRESBITEROS NON EST AMBIGUUM.

Æneas Sylvius, Secretaire du Concile de Bâle, depuis Pape ſous le nom de Pie II. rapporte en entier le Diſcours du Cardinal d'Arles, dont il dit, qu'il étoit *né pour préſider les Conciles Generaux.* Le ſecond Ordre eut en effet voix déciſive dans ce Concile ſi reſpecté en France.

(e) Conc. Labb. tom. 15. p. 939. La queſtion fut vivement agitée au Concile de la Province de Rheims tenu en 1583. (e) Les Députez des Chapitres prétendirent avoir voix déciſive ; & leur ayant été répondu qu'on avoit peſé & non pas compté leurs voix, ils proteſterent tous. Feria 4. Maii convenerunt Patres... cumque

Cc

Juge d'Eglife à en connoître & à décider fi elle est fuffifante ou non. *Ad Prælatos Ecclefiarum*, dit Cujas, (*a*) *pertinet cognitio caufarum Eccle-fiafticarum, maximè fpiritualium, velut de Decimis Ecclefiæ debitis, de Ec-clefiis, de jure Matrimonii, de jure Sacerdotiorum, de jure inquam, id eft, proprietate dominiove ufusfructus; nam de poffeffione vel quafi poffeffione quæf-tio difceptatur apud Laïcos judices.*

Il eft inutile de s'étendre fur ce point : Les Auteurs François convien-nent que les Evêques ni les autres Juges d'Eglife ne peuvent connoître du Poffeffoire fans abus ; mais l'abus eft plus fenfible lorfqu'un Evêque déroge à une coûtume legitime, raifonnable & très-ancienne : il ne peut le faire fans attaquer jufqu'au cœur ces précieufes Libertez de l'Eglife Gallicane, à la confervation defquelles nos Rois & les Cours Souve-raines dépofitaires de leur autorité, veillent avec tant de foin & de zele.

I.

Le Saint Concile de Nicée parlant des coûtumes de certaines Eglifes, (*b*) ordonne que *ces coûtumes feront obfervées* : antiqua confuetudo fervetur. Un de nos plus celebres Auteurs appelle ce Decret *un Edit perpe-tuel.* (*c*)

Nous voulons, dit le Pape Symmaque, *que dans chaque Eglife les ancien-nes coûtumes foient gardées* : (*d*) Volumus per fingulas Ecclefias quæ funt in illis diu cuftodita, fervari. Selon S. Bazile, les coûtumes même parti-culieres *ont force de Loi* (*e*) ; & fuivant S. Auguftin, chacun doit s'en tenir à l'ufage qu'il trouve établi dans l'Eglife où il vient. Le Saint Doc-teur ajoûte, que les Reglemens nouveaux les plus utiles, ne laiffent pas de troubler par leur nouveauté, & ceffent par là d'être utiles. (*f*) *Faciat ergo quifque, quod in câ Ecclefiâ in quam venit, invenerit .... his enim cau-fis, id eft aut propter fidem, aut propter mores, vel emendari opportet quod perperam fiebat, vel inftitui quod non fiebat : ipfa quippe mutatio confuetudinis etiam quæ adjuvat utilitate, novitate perturbat : qua propter quæ utilis non eft, perturbatione infructuofa confequenter neceffario eft.*

M. Boffuet prouve cette maxime par une foule d'autoritez, & fait voir que les droits acquis à certaines Eglifes par la coûtume, rentrent dans le Droit Commun, parce que l'Eglife Univerfelle affemblée dans les Con-ciles a autorifé ces ufages particuliers. (*g*) *Laudata eft Synodus Nicæna primis Sedibus ex ipfâ confuetudine fua jura fervans...referuntur ad Univer-falis Ecclefiæ jus etiam particularia jura, quippe quæ à Synodis univerfalibus confirmentur.* Cet Illuftre Prélat avoit dit plus haut, que les coûtumes qui font en vigueur dans chaque Eglife font partie des Libertez de l'Eglife Gallicane : *Ecclefiafticam Difciplinam Libertatemque noftram non folùm tuemur, univerfalibus Canonibus ac moribus, fed etiam iis qui per fingulas Ecclefias valeant.*

(*a*) In 2. Decret. ad cap. 2. de Judiciis.
(*b*) Can. 6. & 7. Conc. Labb. tom. 1. p. 40. & 41.
(*c*) Marca de Conc. Sacerd. & Imper. lib. 3. cap. 9. n. 1.
(*d*) Ad Cæf. Arelat.
(*e*) Epift. 197.
(*f*) Epift. 53. ad Januar.
(*g*) Déf. Declar. Cler. Gall. part. 2. lib. 11. cap. 12.

L

I I.

Après avoir parlé de la force de la Coûtume même des Eglises particulieres, voyons maintenant si elle est assez puissante pour donner la Jurisdiction : *Comme la discipline Ecclesiastique*, dit M. de Marca, *comprend deux points principaux, sçavoir les Rits & la Jurisdiction, la Coûtume a une égale autorité par rapport à l'un & à l'autre.* (a) Cum autem Disciplina Ecclesiastica duo summa Capita complectatur Ritus scilicet & *Jurisdictionem*, Consuetudinis in utramque partem , par omninò est auctoritas. Ce sçavant Archevêque fait l'application *de cette regle aux Coûtumes particulieres*. (b)

Fagnan établit (c) qu'on peut acquerir par la Coûtume ce qu'on peut acquerir par privilege ; que la Coûtume introduite du consentement du Superieur , donne la Jurisdiction , & vaut un titre ; que cette maxime a encore plus de lieu lorsque la Coûtume est immemoriale. Le P. Thomassin (d) & Van-Espen après lui observent , que c'est par la force de la coûtume , que la Jurisdiction des Archidiacres, qui n'étoit originairement que déleguée , devint propre & ordinaire ; *Jurisdictionem Archidiaconi Ordinariam & propriam non evasisse , nisi ex eo quod diutissimè & sinè ullo limite ab Episcopis delegata fuerat.*

(e) Les Canonistes reconnoissent communement que la Coûtume est attributive de Jurisdiction dans le for de la Penitence. Cujas (f) distinguant les droits qu'on peut prescrire ou ne pas prescrire contre l'Evêque, met au rang des droits prescriptibles le pouvoir d'imposer penitence , non toutefois pour les crimes graves ; [c'est-à-dire , pour ces grands crimes , & ces crimes attroces que les Evêques , selon le S. Concile de Trente, peuvent se reserver.] *Ordinatio Sacerdotis Parochiani & Plebani & Clericorum qui ei opem ferunt divinis Mysteriis, & baptismi collatio, ET POENITENTIÆ LEVIORIS IRROGANDÆ FACULTAS, & Decimarum perceptio & sepeliendi, excommunicandi, interdicendi, absolvendi, jura hæc non utendo amitti possunt, & utendo bonâ fide & ex juxtâ causâ acquiri. Alia sunt jura Episcopalia quæ non utendo non amittuntur, ut jus visitandi, &c.*

I I I.

La Coûtume a plus de force que la prescription , sur tout lorsqu'elle est immemoriale, c'est-à-dire, centenaire ; & encore plus quand elle est très-ancienne. Telle est la Coûtume du Diocêse de Rodés , suivant laquelle les Curés se commettent] mutuellement & se communiquent leur Jurisdiction pour l'administration du Sacrement de Penitence dans toute l'étenduë du Diocêse. Coûtume legitime & raisonnable, puisqu'elle est conforme aux Reglemens de l'Eglise Gallicane & aux Decrets de l'Eglise Universelle ; Coûtume très-ancienne , dont on ne connoît point le commencement , & que l'Exposant a , par une suite de monumens de

(a) De Conc. Sacerd. & Imp. lib. 3. cap. 9. n. 1.
(b) Ibid. n. 2.
(c) Tom. 2. in 2. Decret. de Foro Compet. cap. Cum contingat. Colon. 1682. p. 86. 87.
(d) Vet. & Nov. Eccl. Discipl, tom. 1. part. 1. lib. 2. cap. 19. n. 12. Jus Univ. part. 3. tit. 5. cap. 1. n. 18. |
(e) Navar.
(f) In 2. Decret. ad tit. 26. cap. Cum, non licet,

cette Eglise, fait remonter jufqu'aux temps anterieurs à la 23. Seff. du Concile de Trente, où cette Coûtume va fe confondre avec une Coûtume dont M. l'Evêque ne fçauroit contefter l'univerfalité, fans contredire les Canoniftes anciens de toutes les Nations; Coûtume enfin que le Concile de Latran n'a pas introduite, comme quelques Auteurs fe le font imaginé, qui étoit l'ancienne Coûtume de l'Eglife, & à laquelle ce Concile a feulement redonné de la vigueur, felon la remarque de M. Hallier. (a)

L'Expofant a fait voir que quand la Coûtume dont il s'agit feroit particuliere au Diocèfe de Rodés, elle feroit, à caufe de fon antiquité, partie des Libertez de l'Eglife Gallicane; & par ce feul endroit l'Ordonnance de M. l'Evêque qui y contrevient, feroit abufive; car dit Fevret, (b) *S'il eft dérogé aux mœurs & ftatuts des Eglifes approuvés & autorifés par un long ufage, OU fondés dans les Saints Canons & Conciles, on employe l'appel comme d'abus pour faire tout caffer & annuller.* Mais il y a double abus dans cette Ordonnance, puifqu'elle *déroge aux mœurs & ftatuts du Diocèfe, approuvez & autorifez par un long ufage, & fondez dans les Saints Canons & Conciles.*

IV.

Les principes que l'Expofant vient d'établir touchant la force de la Coûtume, fur tout lorfqu'elle eft très-ancienne, & l'application qu'il en a fait au cas prefent, empêchent M. l'Evêque de pouvoir tirer aucun avantage des témoignages qu'il rapporte. Ce n'eft pas qu'il fût difficile à l'Expofant de fe défaire d'une autre maniere de ces Théologiens: Mr. de Hericour (c) nous avertit qu'*il faut pefer les raifons des Auteurs plûtôt que compter les fuffrages.* Or le P. Alexandre ne s'appuye que fur cette raifon, qu'en vertu de fon titre le Curé n'a Jurifdiction que fur fes Paroiffiens; ce qui étoit également vrai avant le Concile de Trente, & perfonne n'en concluoit qu'un Curé ne peut être commis par fes Confreres, & recevoir d'eux la Jurifdiction pour entendre les Confeffions des Paroiffiens étrangers.

Ce Docteur ne cite que l'autorité de S. Charles que l'Expofant a montré lui être favorable, & ce Decret du Concile de Sens tenu en 1524. *Interrogent Sacerdotes pœnitentes ad Confeffionem accedentes, an fint Parochiani, maximè fi de ipfo dubitant, quia non debent abfolvere nec audire in Confeffione, nifi fuos Parochianos:* Decret qui ne dit pas que les Curés ne puiffent entendre les Confeffions des Paroiffiens étrangers du confentement de leurs Confreres, comme il paroît par ces paroles de l'ancien Rituel du Diocèfe, qui y font une allufion manifefte: (d) *Confeffarius inquirat an fit Parochianus ejus, maximè fi de illo dubitat, cum non poffit alios abfolvere nec audire in Confeffione NISI EX CONSENSU PAROCHI POENITENTIUM.*

Mr. Habert n'a pas ofé alleguer en fa faveur S. Charles, mais feulement ce Decret du Concile de Sens, qui n'a pas le moindre rapport à la queftion prefente.

(a) Comm. in Univ. Cl. Gall. Ordin. ad art. 5. §. 2.
(b) Trait. de l'Abus. Tom. 1. Liv. 1. chap. 1. n. 8.
(c) Loix Eccl. p. 15.
(d) Antiq. Rit. Ruth. 1. part. p. 107. 108.

M. l'Evêque en nous assurant que le Concile de Trente *n'a rien déterminé* (a) sur cette matiere, contredit l'Auteur de la Morale de Grenoble , qui se fonde sur ce que le Concile *a déterminé* ce point, & Pontas qui prétend aussi sur ce fondement, que la Doctrine de ceux qui soutiennent que la seule permission du propre Curé est suffisante à un autre
Curé pour entendre les Confessions d'autres personnes que ses Paroif-
siens , est *manifestement contraire au Concile de Trente*.

D'un autre côté ces Auteurs paroissent avoir regardé comme locale
la Jurisdiction , ou du moins avoir crû qu'un Curé du consentement de
ses Confreres pouvoit dans son propre territoire exercer la Jurisdiction
sur les étrangers , puisque ces Auteurs se bornent à dire que le Curé ne
peut pas confesser *hors de sa Paroisse*, sans l'approbation de l'Evêque, &
sans en prendre la Jurisdiction ; au lieu que M. l'Evêque soûtient, qu'un
Curé ne peut, sans cette approbation , confesser les étrangers même dans
les limites de sa Paroisse, & qu'un Evêque peut à son gré le restraindre
à ses seuls Paroissiens.

V.

Mais une réponse qui enleve d'un seul coup à M. l'Evêque & les Auteurs qu'il cite & ceux qu'il ne cite pas, c'est que ces Théologiens n'ont
parlé qu'en Thèse generale , & nul d'eux n'a dit que son sentiment ait
lieu par rapport aux Diocéses où les Curés sont autorisez par une coûtume immémoriale très ancienne , & dont l'origine va se perdre dans la
plus haute antiquité.

Il y a plus : Dans le cas de la coûtume , Pontas decide la question en
faveur des Curés, & établit même un principe qui renverse sa premiere
décision. (b) Voici ses paroles : ,, Les Eglises des deux Paroisses de
,, S. Leuffroy & de S. Martin étant fort proches l'une de l'autre , Mr.
,, l'Evêque A JUGE' A PROPOS de ne désigner qu'une station du Ju-
,, bilé pour toutes les deux dans celle de S. Leuffroi, sur ce que
,, tout Curé peut absoudre tous les Diocésains , suivant la Coû-
,, tume établie dans le Diocèse. Le Curé de Saint Martin ,
,, s'est ingeré de sa propre autorité , & sans l'agrément de celui de Saint
,, l'Euffroy, de confesser en cette derniere Eglise quelques - uns
,, de ses Paroissiens, & même quelques autres de celle de S. l'Euffroy.
,, Sur quoi on demande, si les Confessions des Habitans de cette Paroisse,
,, que le Curé de S. Martin a entenduës, sont valides , licites & suffi-
,, santes à l'effet du Jubilé ?

,, *RE'PONSE.* Nous avons déja dit en répondant au cas préce-
,, dent, que tout Curé est censé approuvé pour la Confession par
,, le seul titre de son Institution. D'où il s'ensuit que quoique
,, le Curé de S. Martin se soit ingeré de confesser dans l'E-
,, glise Paroissiale de S. l'Euffroi sans le consentement du Curé
,, de cette Paroisse, ni de l'Evêque, les Confessions qu'il a en-
,, tenduës sont valides, & sont suffisantes aux Paroissiens de S.

(a) II. Lett. Circ. p.
(b) Tom. 1. Confess. Cas 16. p. 887. edit. de 1730.

l'Euffroy,

la fameuse clause *si quis alieno Sacerdoti*, &c. du Concile général de Latran, d'où tous les Théologiens & tous les Canonistes qui ont écrit avant le Concile de Trente ont conclu, qu'un Paroissien n'avoit besoin pour se confesser à un autre Curé que de la permission de son propre Curé.

I I.

Comme M. de Corneilhan Successeur de M. le Cardinal d'Armagnac préparoit un Synodal où il devoit *traiter plus exactement de la Discipline de l'Eglise*, & qui n'est pas venu à la connoissance de l'Exposant, cet Evêque ne mit rien qui ait rapport à cette question dans son Rituel publié en 1603. Mais M. Abelly qui plus de soixante ans après en fit le supplément, y insera l'alternative du Rituel Romain en ces termes: (a) *Le Curé ou son Vicaire doit tenir CETTE REGLE GÉNÉRALE, de ne point administrer aucun Sacrement à ceux qui ne sont point de sa Paroisse, si ce n'est en cas de necessité OU BIEN AVEC LA PERMISSION DE LEUR CURÉ OU DE SON SUPERIEUR.*

M. de Paulmy adopta ce Supplément & dans le nouveau Rituel qu'il publia, dont le Diocèse s'est servi sous trois Evêques pendant plus de soixante ans, & dont M. l'Evêque a permis au dernier Synode de se servir encore, on trouve le Reglement suivant: (b) *Mox Confessarius inquirat an sit Parochianus ejus, maxime si de illo dubitat, cum non possit alios absolvere nec audire in Confessione à suis Parochianis, NISI EX CONSENSU PAROCHI POENITENTIUM.*

Dans les Ordonnances du Synode tenu sous le même Prélat en 1674. on s'exprime ainsi: [c] *Défendons à tous Curés & Vicaires d'administrer les Sacremens à ceux des autres Paroisses QUE DU CONSENTEMENT DES RECTEURS desdites Paroisses:* [d] *Défendons à tous Curés d'admettre dans leurs Eglises des Vicaires ou autres Prêtres pour entendre les confessions, s'ils ne sont approuvez en particulier pour leurs Paroisses ou pour quelqu'autres du Diocèse.* Dans le premier de ces articles on défend à tous Curés & Vicaires d'administrer les Sacremens aux Paroissiens étrangers que du consentement de leurs Curés, & dans le second on déclare que ce consentement ne suffit pas aux Vicaires & autres Prêtres, qu'il faut outre cela une approbation particuliere de l'Evêque, & on n'exige rien de semblable à l'égard des Curés: Ils peuvent donc être admis à entendre les confessions dans des Paroisses étrangeres sans une approbation speciale de l'Evêque.

La Cour est suppliée de remarquer encore comment aux termes du dernier de ces articles, les Curés pouvoient alors admettre dans leurs Eglises des Vicaires ou autres Prêtres pour entendre les confessions, quoiqu'ils ne fussent pas approuvez en particulier pour leurs Paroisses, pourvu qu'ils le fussent *pour quelqu'autres du Diocèse*, sans doute que les Curés n'étoient pas de pire condition que les Vicaires, & que l'approbation qu'ils avoient reçuë de l'Evêque lors de leur institution suffisoit également, afin de pouvoir administrer le Sacrement de Pénitence dans les Paroisses étrangeres du consentement des Curés des lieux.

(a) Suppl. Part. 1. p. 357. & 358.
(b) Rit. Ruth. 1. Part. p. 107. & 108.
(c) Titr. des Recteurs art. 35.   (d) Art. 37.

K

M. de Luzignen au Synode de 1698. tenta de changer sur ce point la Discipline du Diocése. Il proposa un Statut portant qu'*il permettoit aux Curez & aux Vicaires d'entendre les confessions dans les Paroisses contiguës à la leur quand ils en seront priez par les Curez desdites Paroisses.* Les Curez s'opposerent à ce Statut, comme contraire au Droit Commun & à la possession où ils étoient d'administrer le Sacrement de Penitence dans toute l'étenduë du Diocése du consentement des Curez des lieux. L'Exposant est en état de faire une preuve complette de l'opposition : Cette preuve paroît neanmoins inutile dès que le Statut a été constamment & universellement inexecuté depuis le Synode de 1698.

I I I.

Le 20. Mars 1716. Mrs. les Vicaires Generaux du Chapitre, le Siége-vacant, publierent un Mandement (a) qui maintient les Curez dans leur droit, & en découvre les fondemens. Le dispositif en est trop important pour ne pas le transcrire ici au long. " A ces causes, disent Mrs. les „ Grands-Vicaires, nous ordonnons à tous les fidéles de l'un & de l'autre „ sexe de faire leur confession annuelle à leur Curé, ou à ceux qu'il „ aura commis pour les recevoir, & la Communion Paschale dans „ l'Eglise Paroissiale. Nous leur défendons très-expressément de se con-„ fesser ailleurs, & aux Confesseurs de les recevoir, s'ils n'ont la per-„ mission de leur Curé, qui pourra la donner par écrit ou de vive voix, „ en particulier ou en general, selon qu'il jugera à propos. Ne dites pas „ pour éluder cette Ordonnance, que nous vous imposions une nouvelle „ obligation : L'Eglise Universelle l'a imposée à tous les fidéles depuis „ plusieurs siécles : Si vous êtes ses vrais enfans vous respecterez sa déci-„ sion. Afin donc que personne ne l'ignore, voici en quels termes est „ conçû le Decret du Concile de Latran : *Que tout Chrétien de l'un & de l'autre sexe ayant atteint l'âge de discretion, confesse tout seul fidélement ses pe-chez à son propre Prêtre pour le moins une fois l'an, &c. Que si quelqu'un veut se confesser pour quelque bonne raison à un autre qu'à son propre Prêtre, il faut qu'il en demande à son propre Prêtre permission, & qu'il l'obtienne, parce qu'autrement tout autre Prêtre ne pourroit ni l'absoudre ni le lier.*

Mrs. les Vicaires Generaux du Chapitre, pour empêcher les fidéles de mépriser la jurisdiction de leur Curé, ordonnent qu'*ils lui feront la con-fession annuelle, ou à ceux qu'il aura commis.* Mais qui sont ceux que le Curé peut commettre pour cet effet ?

Il est évident qu'il peut commettre les autres Curez, aux termes du Mandement, puisque le droit qu'a le Curé de commettre, est fondé, suivant Mrs. les Grands-Vicaires, sur ces paroles du Concile de Latran, *Si quelqu'un veut se confesser pour quelque bonne raison à un autre qu'à son pro-pre Prêtre, &c.* Si quis alieno Sacerdoti, &c. car, comme on l'a vû dans le premier Moyen, quoique plusieurs Canonistes ayent prétendu que sous le mot, *alieno Sacerdoti,* étoit compris même les simples Prêtres, & que par une extension rejettée, à cause des abus, par le Concile de Trente, on en inferât que le Curé pouvoit commettr tout Prêtre pour entendre les

(a) Mand. de Mrs. les Vic. Gen. du Chap. de Rod. le Siége vacant, du 20. Mars 1716.

confeſſions de ſes Paroiſſiens ; cependant tous les Théologiens & tous les Canoniſtes anciens & modernes ſont convenus que ce mot, *Alieno Sacerdo-ti*, marquoit au moins un Curé étranger, comme le *Proprio Sacerdoti* du mê-me Canon ſignifie le propre Curé. Ainſi dès qu'il eſt une fois établi que la celebre clauſe du Canon du Concile general de Latran, *Si quis alieno Sacerdoti, &c.* eſt en vigueur dans le Diocese de Rodés, on ne peut plus revoquer en doute le pouvoir qu'y ont les Curez de ſe commette mutuel-lement pour l'adminiſtration du Sacrement de Penitence.

I V.

Feu M. de Tourouvre dans le Rituel qu'il publia en 1733. (*a*) ordonne qu'*aux Prones du premier Dimanche de Carême & du Dimanche de la Paſſion, tout Curé lira le Decret du Concile general de Latran ſous Innocent III.* Ce Decret y eſt inſeré avec la clauſe déciſive. Et dans l'Inſtruction ſur les Sa-cremens en general, feu M. l'Evêque dit *des Curez qui ſont d'une maniere ſpeciale les Miniſtres des Sacremens :* Ils ne doivent point les adminiſtrer à ceux qui ne ſont point de leur Paroiſſe, ſi ce n'eſt dans la neceſſité, avec la permiſſion de leur Curé ou la nôtre, & dans les cas où l'u-ſage le permet aujourd'hui.

Après des témoignages ſi précis, il eſt difficile de croire que l'intention de feu M. l'Evêque ait été de conteſter aux Curez le droit dont il s'agit, ſous prétexte qu'en 1725. il fit reimprimer les Ordonnances de M. de Luzignan, ſans en retrancher le Statut qui reſtreint les Curez aux Paroiſſes contiguës, & auquel on s'étoit oppoſé au Synode de 1698. outre que cela a été ſans doute fait par inadvertence, il eſt certain que ce Prélat n'a rien fait pour changer l'uſage ; que les Curez au vû & ſçû de feu M. l'Evêque, ont toûjours continué à ſe commettre mutuellement dans toute l'étenduë du Dioceſe ; que ſon Vicaire General a declaré qu'on ſe con-formeroit à cet uſage, qu'il a lui-même confirmé ſur la fin de ſa vie & dans un Ouvrage qui contient ſa derniere volonté.

Si durant l'eſpace de quinze ans il a fait défenſe à deux ou trois Curez de confeſſer les Paroiſſiens étrangers, c'eſt uniquement parce que les Cu-rez voiſins lui porterent plainte que ces Curez entendoient la confeſſion de leurs Paroiſſiens, non-ſeulement ſans leur conſentement, mais malgré eux. La défenſe étoit canonique, puiſque ces Curez confeſſoient les Paroiſſiens étrangers ſans avoir ſur eux ni juriſdiction ordinaire ni dele-guée par le défaut de conſentement de la part de leurs Confreres. Et quand on voudroit ſuppoſer que peut-être tous les Curez voiſins n'étoient pas plaignans, on n'en ſeroit pas plus avancé, parce que la plainte d'un grand nombre auroit ſuffi pour faire ceſſer la preſomption du conſentement tacite des autres, & autoriſer l'Evêque à obliger les Curez qu'il reſtrei-gnoit de fait, y étant déja reſtreins de droit, de n'entendre les confeſſions des étrangers qu'ils ne leur portaſſent une permiſſion expreſſe des autres Curez.

Si on inſiſte ſur cette réponſe, c'eſt moins par neceſſité que par recon-noiſſance, & pour empêcher qu'on ne ſoupçonne un Prélat qui aimoit ſes Curez & étoit attentif à conſerver leur juriſdiction, d'avoir voulu la

_____

(*a*) Rit. de Rod. 1. part. 1. p. 85, & 86. 1733.

leur ravir. Quelques entreprises n'auroient pas été capables de préjudicier au Droit Commun, non plus que des promesses secrettes faites par quelques particuliers de se restreindre à leurs Paroissiens : *Privatorum pactis Juri publico derogari non potest.* (*a*)

Il resulte des anciens & nouveaux Reglemens du Diocese, que les Curez peuvent entendre les confessions des Paroissiens les uns des autres dans toute l'étenduë du Diocése, du consentement des Curez des Lieux. L'Ordonnance qui restreint l'Exposant *à ses seuls Paroissiens* y est donc contraire, & par consequent abusive, selon Févret, qui remarque, que même *les Rescrits Pontificaux contrevenans aux anciens Statuts des Eglises, sont sujets à cassation par la voye d'Appel comme d'abus.* (*b*)

L'Ordonnance de M. l'Evêque est même contraire au Statut proposé par M. de Luzignen, & auquel on s'est opposé dans deux Synodes, parce qu'il restreignoit les Curez qui ont le consentement de leurs Confreres, aux Paroisses contiguës. L'Ordonnance de M. l'Evêque fait plus, puisqu'elle restreint l'Exposant *à ses seuls Paroissiens.*

Ce projet de Statut suppose à la verité que ce n'est qu'une permission qui est accordée aux Curez de confesser les fideles des Paroisses contiguës; mais dans le cas où ce Statut conçû en ces termes auroit été acquiescé, on ne devroit pas raisonner de la Permission qu'il contient, comme des permissions particulieres, qui sont recusables au gré de celui qui les accorde. Ce n'est qu'une *permission* que Gregoire IX. accorde aux Evêques & autres Superieurs, de se choisir un Confesseur, *Permittimus Episcopis, &c.* Si le Pape vouloit revoquer cette permission par rapport à un Evêque particulier, il y auroit abus, parce qu'elle est inserée dans le Corps du Droit, & qu'elle renferme un Reglement general. (*c*)

QUATRIEME MOYEN D'ABUS.

L'Ordonnance de M. l'Evêque est contraire à la Coûtume très-ancienne du Diocése de Rodés, laquelle par-là qu'elle est très-ancienne, fait partie des Libertez de l'Eglise Gallicane, comme les autres Coûtumes legitimes & très-anciennes, même des Eglises Particulieres.

CINQUIEME MOYEN D'ABUS.

L'Ordonnance de M. l'Evêque est contraire aux maximes du Royaume, qui interdisent aux Evêques & à tous Juges d'Eglise la connoissance du Possessoire.

L'Exposant ne sépare pas ces deux Moyens, à cause du rapport qu'ils ont ensemble, quoique réellement distincts ; car pour établir le cinquième il suffiroit qu'il y eût quelque trace de possession. Ce n'est pas au

(*a*) Marca, de Concord. Sacerd. & Imp. lib. 7. cap. 4. n. 8.
(*b*) Traité de l'Abus, tom. 1. liv. 3. chap. 1.
(*c*) De Pœnit. & Rem. cap. Ne pro dilatione.

Ce ne font pas les feuls Curés qui font intereffez dans cette Caufe ; elle leur eft commune avec les Chapitres, fur-tout avec celui de l'Eglife Cathedrale.

Mais fans entrer plus avant dans cette queftion, on voit clairement que S. Charles loin d'être contraire au droit qu'ont les Curés de fe commettre mutuellement, l'établit d'une maniere précife : Les Régle-

Capituli Cathalaunenfis Procuratores expoftulaffent declarari à Concilio, numquid eis vox decifiva attributa effet ? A patribus responsum eft jufta Promotorum requifitionem, ponderatas quidem fed minimè numeratas eorum & cæterorum Capitulorum, ficut Reverendiffimorum Dominorum Abbatum voces extitiffe, quemadmodum in hujus Synodi principio ftatutum & Decretum fuerat ; de quo ipfi Cathalaunenfes Procuratores proteftati funt, actumque fibi confici petierunt & obtinuerunt, atque Rhemenfis & aliorum Capitulorum Procuratores fecerunt, de quo eis actum mandatum eft.

Le dernier Concile Provincial de Bourges affemblé en 1584. auquel affifterent & fouscrivirent les Députez du Diocéfe de Rhodés; fçavoir Amans Bonal Chanoine au nom de l'Evêque, George Delauro Chanoine, au nom du Chapitre, & Guillaume Gervais pour les Curés, declare que le Concile de Jerufalem étoit le modéle, non-feulement des Conciles Generaux & Provinciaux, mais encore des Conciles Diocefains, & qualifie *de Jugement* l'avis de la multitude affemblée. (a) *Plus vident oculi quam oculus, & ut ait D. Bernardus, nihil abfurdius eft quam ut privatam Sententiam PATRUM JUDICIO & UNIVERSÆ MULTITUDINI, IN DEO CONGREGATÆ QUIS ANTE PONAT : QUOD IN REBUS DIVINIS PRÆCIPUE LOCUM HABET, dicente Chrifto, Ubi duo vel tres congregati fuerint in nomine meo, in medio fum eorum. Ideo Ecclefia in Spiritu fancto congregata fub beato Petro & Apoftolis, dubia quæque diffolvit. UNDE Concilia generalia, Provincialia ET DIOECESANA MANARUNT.* Ce Concile fut confirmé par un Bref du Pape Sixte V. pofterieur à la conteftation formée fur ce fujet au Concile de Rheims.

(a) Conc. Bitur. tit. 46. de Concil. an. 1584.

De tous les Reglemens faits à Rome, il n'en eft point aufquels les Souverains Pontifes ayent voulu imprimer plus d'autorité qu'à ceux que renferme le Pontifical de 1696. par ordre de Clement VIII. (b) & en 1644. par ordre d'Urbain VIII. Ce dernier Pape dans fon Bref *Quamvis*, dit que les Evêques Catholiques doivent s'y conformer, quibus Catholici Antiftites in fuorum munerum functione uti debent. Et le premier dans fa Conftitution Ex Quo adreffée à tous les Evêques du monde, affure que ce Pontifical eft conforme aux anciens Pontificaux : Ita difpofitum ut nihil ab antiquis Pontificalium codicibus … difcrepans irrepferit ; fupprime tout ce qui eft contraire, fupprimimus & abolemus : *Ordonne qu'il foit obfervé dans toutes les Eglifes de l'Univers, In omnibus univerfi terrarum orbis Ecclefiis … obfervari præcipimus, & cela à perpetuité, ftatuentes Pontificale prædictum nullo umquam tempore in toto, vel in parte mutandum.*

(b) Clem. VIII. conft. fuper Pontif. edit. 1696. Brev. Urb. VIII. 1644.

Or le Pontifical Romain (c) prefcrivant l'ordre qu'on doit garder au Synode Diocefain, veut que les Peres affemblez aillent au Scrutin lorfqu'il fera queftion de faire des Statuts ; ce qui marque voix délibérative & décifive. *Leguntur Conftitutionem approbandæ, quibus lectis, habito Scrutinio, quæ placent per Patres confirmantur*, Ce qui eft repeté plus bas : *Leguntur Conftitutiones, fi quæ funt per Synodum approbandæ, quibus lectis, & per Patres SI PLACET, confirmatis, &c.* Il n'y a point ici d'expreffion qui ne porte coup. Les termes de *Scrutin*, de *Peres*, d'*approuver*, de *confirmer*, établiffent d'une maniere précife, le droit du Clergé ; mais le *Si placet* n'eft-il pas décifif ?

(c) Pont. Rom. Ordo ad Synod. p. 409. Edit. Colon. 1682. Ibid. p. 412.

A l'ouverture du Concile, (d) [c'eft le nom que le Pontifical donne d'après le Concile de Trente (e) à l'Affemblée du Clergé de tout le Diocéfe,] l'Evêque adreffe au nom de ceux qui font affemblez cette priere au S. Efprit, (f) *Adfumus Domine Sancte Spiritus… in nomine tuo fpecialiter aggregati ; veni ad nos… Efto folus & fuggeftor & effector judiciorum noftrorum.* Le terme de *Jugement*, emporte voix décifive.

(d) Ibid. p. 411.

(e) In Conciliis Provincialibus & Epifcopalibus. Conc. Trid. Seff. 23. de Ref. c. 1.

(f) Pontif. ibid. p. 399.

Auffi les plus celebres Auteurs l'attribuent ils au fecond Ordre. Quant à la voix décifive, dit Gerfon Chancelier de l'Univerfité de Paris, (g) il ne paroît pas douteux qu'elle n'appartienne aux Prélats inférieurs qui font les Curés. Ce fentiment, continue ce Docteur, que les anciens Statuts du Diocéfe de Rodés appellent le Docteur très-Chrétien (h) Chriftianiffimi Doctoris Domini de Gerfono, eft appuyé fur ce qu'a décidé depuis-peu la facrée Faculté de Théologie de Paris, que les Curés font dans l'Eglife Prélats & Hierarques du fecond Ordre par la premiere inftitution de Jefus-Chrift, & qu'ils ont par leur état le droit de prêcher. Cæterum de voce, definitivâ quales eam habeant, non eft dubium de Epifcopis & Superioribus Prælatis, ficut juxta prædicta practicatum fæpius invenitur in prioribus Conciliis ; fed neque videtur ambiguitas effe de minoribus Prælatis qui funt Curati & Hieratchæ, neque de illis qui fub hunc duplicem Prælatorum Ordinem reducuntur, quibus non ex Privilegio folo fed ex Statu & Ordinario jure competit animarum Cura, quemadmodum funt multi Abbates, Decani, Præpofiti cum Juribus. Facit ad hoc determinatio Sacræ Facultatis Theologiæ Parifienfis nuper edita,… ubi fic dicitur… Domini Curati funt in Ecclefiâ Minores Prælati & Hierarchæ ex primaria inftitutione Chrifti : quibus competit ex Statu jus Prædicandi, &c. Pafquier, un des plus fçavans hommes de fon temps, reconnoît que *les Curés ont dans les Conciles voix deliberative*. (i)

(g) De poteft. Eccl. Confid. 11.

(h) Synod. Ruth. an. 1552. Inbr. 3. Decret. 1.

(i) Recherch. de la France, liv. 3. chap. 5.

Le celebre M. Talon remarque dans un de fes Plaidoyers inferez dans les nouveaux Mémoires du Clergé, (k) que *les Curés font les Affeffeurs & les Confeillers de l'Evêque dans la conduite generale du Diocéfe, conjointement avec les autres Prêtres qui defervent l'Eglife Matrice qui eft la premiere Cure, & qu'à Rome le Pape, comme Evêque de Rome, ne faifoit rien fans fa participation, & fans le fuffrage des Curés.*

(k) Journ. du Palais, tom. 1. p. 60.

L'Illuftre M. de Lamoignon parlant des Vifites & des Synodes, (l) dit que *la forme en eft bien diffe-*

(l) Mém. du Clergé, tom. 6. p. 482.

I

mens qu'il a fait fur cette matiere , & qui leur font fi favorables , ont été adoptez par le Clergé de France affemblé en 1655. font conformes au Droit Commun , à l'ancien Droit auquel les Evêques de ce Royaume font inviolablement attachez : l'Ordonnance de Mgr. l'Evêque qui y donne atteinte , en reftraignant l'Expofant à fes feuls Paroiffiens, eft donc contraire aux Réglemens de l'Eglife Gallicane.

(a) II. Lett. Circ. p.

(b) De Antiq. Eccl. Difcipl. Differt. 3. cap. 1. p. 249. & 250. Parif. 1686.

rente , que les Curés font affis & couverts aux Synodes . . . qu'ils y tiennent comme un rang de Confeillers : Ce qui ne fuppofe pas qu'ils ayent feulement droit de faire des repréfentations. (a)

C'eft une chofe inconteftable parmi tous les Sçavans , dit Mr. Dupin dans un Ouvrage approuvé de dix Docteurs de Sorbonne , (b) que l'Evêque autrefois ne jugeoit aucune affaire importante fans le Presbitere , comme le Metropolitain fans le Concile de la Province : Nous lifons même que dans les Conciles Provinciaux , les Prêtres ont été affis & ont jugé avec les Evêques. A plus forte raifon étoient-ils affis & jugeoient-ils avec l'Evêque dans les Synodes particuliers. Quid in eis moreo cum APUD OMNES ERUDITOS CONSTET, Epifcopum olim nihil quidquam magni momenti fine Presbyterio egiffe AUT JUDICASSE, ficut nec Metropolitanum abfque Synodo Provinciæ. Quin etiam in Conciliis Provinciarum fediffe legimus, Presbyteros & cum Epifcopis JUDICASSE, MULTO ERGO MAGIS IN SYNODIS PRIVATIS CUM EPISCOPO SEDEBANT ET JUDICABANT.

(c) In Synod. gen. ac provinc. Decr. T. 4. p. 753. Brux. 1673.

Chriftian Lupus que les Papes Alexandre VII. & Innocent XI. ont honoré d'une amitié particuliere , & qui eft fi connu par fes Commentaires pleins d'érudition , tant fur les Conciles Generaux que fur les Conciles Particuliers , fe declare également en faveur du droit du fecond Ordre. (c) L'Evêque feul , dit-il , ne fait pas la Chaire Epifcopale : mais encore tous ceux qui dans l'Affemblée publique de l'Eglife font affis avec lui , & l'aident à la gouverner , ou par leur confeil , ou par leur fuffrage & leur jugement ; c'eft pourquoi l'Evêque a pour fon Siège fon Presbytere , le Metropolitain , le Patriarche , le Pape leurs Synodes , dont ils font les Prefidens , la bouche & la langue , & lorfque c'eft par leur commun jugement & fuffrage qu'ils agiffent , qu'ils decident , qu'ils ftatuent , qu'ils parlent ; on dit qu'ils agiffent , qu'ils decident , qu'ils ftatuent , qu'ils parlent Ex Cathedra. L'Evêque eft une partie de la Chaire , la Chaire une partie d'une Eglife , mais qui repréfente toute cette Eglife. Epifcopalis Cathedra non eft folus Epifcopus fed quotquot fimul in publico Ecclefiæ Conventu affident & in illa adminiftranda eidem fua Confilii aut judicii fuffragio cooperantur. Quocirca Provincialis Epifcopus fuum Presbyterium , Metropolita , Patriarcha , Papa pro Sede fua habent fuas Synodos , quarum funt Præfides , os & lingua : & dum ex eorum COMMUNI JUDICIO ac fuffragio agunt , ftatuunt, DECERNUNT, loquuntur, dicuntur ex Cathedra agere, decidere, ftatuere, loqui. Epifcopus, Cathedra, & Ecclefia habent fe ut pars & totum. Epifcopus EST PARS CATHEDRÆ, Cathedra pars Ecclefiæ, fed quæ totam fuam Ecclefiam repræfentet.

(d) Part. I. tit. 18. cap. 4. I

Van-Efpen, (d) que M. l'Evêque allegue pour lui , ne dit pas que c'eft de l'Evêque feul que les Conftitutions Synodales reçoivent la force d'obliger ; mais que c'eft de lui qu'elles tirent leur principale force & autorité ; Synodos Diœcefanas præcipuam fuam autoritatem ac vim obligandi mutuare ab Epifcopo. Le terme de Præcipuam , eft le terme fpécifique en cette matiere : car fi les Synodes tirent de l'Evêque leur principale force & autorité , ils ne tirent donc pas de lui toute leur force & toute leur autorité. Præcipuam. Ils tirent donc quelque force & quelque autorité du Clergé ; & le Clergé n'eft point mis à cet égard de niveau avec l'Evêque.

In I. 2. queft. 96. art. 4. q. 11. Concl. 3. Ibid. q. 14. q. 4.

L'autorité de Sylvius que M. l'Evêque oppofe , & qui eft très-refpectable en d'autres matieres , pourroit-elle contrebalancer les témoignages qu'on vient de rapporter ? Si ce Théologien degrade le fecond Ordre , il ne degrade pas moins le premier , en enfeignant dans le même endroit qu'il eft plus probable qu'il fuffit que les Loix du Pape pour obliger dans tous les Diocèfes , foient publiées à Rome ; & en repréfentant plus bas les Evêques comme de fimples executeurs des Decrets des Souverains Pontifes.

TROISIE'ME

TROISIEME MOYEN D'ABUS.

L'Ordonnance de M. l'Evêque est contraire aux anciens & nouveaux Statuts du Diocese de Rodés.

I.

Les Monumens de l'Eglise de Rodés sont conformes en ce point aux Réglemens de l'Eglise Gallicane, & aux Décrets de l'Eglise Universelle. Le Manuel imprimé en lettre gothique par ordre de M. le Cardinal d'Armagnac Evêque de Rodés , (a) est le plus ancien que l'Exposant ait pû trouver. Dans la Formule du Prône on lit en langue vulgaire les paroles suivantes : *Del Mandamen de Monssenhor l'Official de Roudés vous denoncian per excomengiats touts … que sans licensa de Rectors ou Vicaris administraria los Sagramens de la Gleysa* : On pouvoit donc alors administrer les Sacremens de l'Eglise dont l'administration appartient aux Curés , pourveu qu'on eût leur consentement, & que d'ailleurs on fût tenu pour capable de cette fonction. Or l'Exposant a fait voir que tous les Canonistes qui ont écrit depuis le Concile de Latran jusqu'au Concile de Trente , soutenoient d'un commun consentement que les Curés étoient tenus pour capables d'entendre les confessions des Paroissiens étrangers avec le seul consentement du propre Curé. On ne se persuadera donc pas facilement que les seuls Curés du Diocese de Rodés en fussent incapables dans le tems de M. d'Armagnac , c'est-à-dire avant la tenuë de la 23. Sess. du Concile de Trente , posterieure au Manuel & aux Statuts de ce Cardinal.

C'est par le second de ces Statuts sur la Pénitence que M. l'Evêque (b) entreprend de le prouver : *Et ut in audiendis confessionibus Sacerdotum atque Ministrorum habeatur delectus , eam, qui pœnitenti à confessionibus fuerit, Jurisdictionem imprimis in eum habere oportet, ordinariam quidem , vel privilegiatam, nempe ex summî Pontificis , vel nostrâ dispensatione procedentem.*

Ce texte n'a rien d'obscur dès qu'on explique ce que c'est que *Jurisdiction privilégiée*, Jurisdictionem privilegiatam. C'est la Jurisdiction que les Religieux privilegiez tenoient d'abord du Pape ; (c) mais sur les plaintes des Evêques , le Pape Clément V. modifia ce privilege , & ordonna que les Superieurs reguliers choisiroient un certain nombre de Religieux capables d'administrer le Sacrement de Pénitence , & les présenteroient à l'Evêque ; que si l'Evêque refusoit ceux-ci, le Pape de la plenitude de sa Puissance leur accordoit le pouvoir d'absoudre ; voilà ce que M. d'Armagnac appelle *Jurisdiction privilegiée venant du Pape ou de l'Evêque* : Jurisdictionem privilegiatam ex summi Pontificis vel nostrâ dispensatione procedentem.

Il faut donc necessairement que puisque ce Cardinal n'en reconnoît d'autre que l'ordinaire & la privilegiée, il donne le nom d'ordinaire

(a) Manual. Paroch. ad usum Eccl. Ruth. fol. 124.
(b) Lett. Cite. p. 39.
(c) Cap. Dudum , de sepult.

non-feulement à celle qui appartient aux Curés à l'égard de leurs Paroiffiens, mais encore à celle qui eft deleguée en la maniere ordinaire
ou par l'Evêque ou par le Curé; auffi ne l'oppofe-t-il pas à la Jurifdiction fimplement deleguée, mais à la Jurifdiction privilegiée, c'eft-
à-dire à celle qui eft deleguée en la forme prefcrite par la Clementine, &
que la Glofe appelle pour cette raifon *Jurifdiction extraordinaire*, Po-
teftatem extraordinariam,

Quoique communément la Jurifdiction ordinaire foit appellée de ce
nom PAR OPPOSITION à la Jurifdiction deleguée, ce n'eft pas fans
exemple que la Jurifdiction deleguée dans une fignification plus étenduë,
eft dans certains cas appellée ordinaire : (*a*) ainfi Van-Efpen remarque-
t-il que fi les Evêques & les autres Juges ordinaires ne jugent pas par
eux-mêmes, ils ont leurs Officiers qui font regardez *comme ordinaires*
& non comme Juges deleguez, quoiqu'ils tiennent la place d'autrui.
*Qui licet vice alienâ fungantur, nihilominus non pro Judicibus delegatis,
fed quafi ordinarii reputantur*; & Florens, que les Légats envoyez par les
Papes dans les Royaumes, font appellez *ordinaires par délégation* (*b*) Ordinarii ex delegatione.

D'ailleurs avant les Religeux privilegiez, il n'y avoit guere d'autres
Confeffeurs que les Curés & leurs Vicaires; (*c*) & lorfque les Papes
eurent accordé à certains Religieux le privilege de pouvoir entendre les
confeffions, il n'y avoit guere d'autres Confeffeurs que les Curés, les Vicaires, & les Religieux privilegiez. Or quoique les Curés n'euffent
précifément en vertu de leur titre que la Jurifdiction ordinaire, qu'à l'égard
de leurs Paroiffiens, ils l'acqueroient en quelque forte fur les Paroiffiens étrangers par le confentement de leurs Confreres; comme c'étoit
affez l'ufage que le Curé ne commettoit pas un autre Curé particulier pour entendre la confeffion de fon Paroiffien, (*d*) mais donnoit à
celui-ci le pouvoir d'élire un Confeffeur parmi les autres Curés, le
Curé choifi fuivant le langage du tems, n'étoit pas cenfé delegué,
mais il lioit ou delioit le Pénitent étranger *par voye de prorogation* ou
d'extenfion de Jurifdiction, *per viam prorogationis*. Or dit Fagnan, un
Juge qui connoit d'une affaire par voye de prorogation, en connoit en
vertu *d'un droit qui lui eft propre*, qui eft le terme dont les Loix (*e*) Civiles fe fervent pour marquer la Jurifdiction ordinaire : (*f*) *Eligere Confeſſorem eft prorogare ejus Jurifdictionem, unde Judex prorogatus cognofcit
jure proprio.* On doit raifonner à peu près de même des Vicaires que
M. d'Armagnac comprend fous le nom de propre Prêtre. De ce que
ce Cardinal ne diftingue que deux fortes de Jurifdiction, l'ordinaire &
la privilegiée venant du Pape ou de l'Evêque; il ne s'enfuit donc pas
que les Curés ne puffent entendre les confeffions des Paroiffiens étrangers avec le feul confentement de leurs Confreres. Et comment pourroit-il fe faire que M. d'Armagnac le leur défendit dans le 2. Statut
fur la Pénitence; puifque dans le 6. (*g*) il ordonne l'execution de

(*a*) Jus Eccl. Part. 3. tit. 5. cap. 2. n. 7.
(*b*) Tit. de Off. Ordin.
(*c*) Hall. Comm. in univ. Cler. Gall. ordin. ad art. 5. §. 2.
(*d*) Auffrer. in 222. Decif. Cap. Tholof.
(*e*) L. More ff. de Jurifd.
(*f*) Tom. 3. in 2. Part. V. Lib. Decret. de Pœnit, & Rem. Cap. Ne pro dilatione n. 11.
(*g*) De Sacram. Pœnit. Decret. 6.

Ia

,, l'Euffroy pour gagner le Jubilé , en accompliffant toutes les autres
,, chofes portées par la Bulle du Pape. Il eft vrai neanmoins que ces Con-
,, feffions ne font pas licites de la part du Curé ; parce qu'il n'a pû fans
,, péché confeffer dans une Eglife qui ne lui appartenoit pas , fans avoir
,, obtenu le confentement au moins tacite du Curé qui en étoit Titulaire,
,, n'ayant pouvoir d'adminiftrer les Sacremens que dans l'étendüe de fa
,, Paroiffe , & non ailleurs fans l'agrément du Superieur du lieu , ou
,, fans la permiffion de l'Evêque Diocéfain.

La Bulle du Jubilé donne la Jurifdiction & tient lieu de la permiffion
de l'Evêque ou du Curé à cet égard ; comme le privilege de fe choifir
un Confeffeur : *Licentia proprii Sacerdotis cui æquivalet licentia ex Privilegio Juris*, felon Fagnan [loc. fup. cit.] Mais la Bulle du Jubilé ne donne pas
l'approbation , puifqu'elle renvoye à un des Prêtres *approuvez de l'ordinaire.* Or le *Curé de S. Martin* dans le cas propofé par Pontas , n'a point
d'approbation fpeciale de l'Evêque ; mais feulement l'approbation con-
tenüe dans le titre qu'il a reçu de l'Evêque , & neanmoins quoiqu'*il
s'ingere [fans fon confentement] de confeffer dans l'Eglife Paroiffiale de S.
Leuffroy quelques perfonnes de cette Paroiffe ;* Pontas décide que *les Confeffions que le Curé de S. Martin a entendües dans l'Eglife Paroiffiale de Saint
Leuffroy font valides & font fuffifantes aux Paroiffiens de S. Leuffroy ;* & il
dit que cela s'enfuit de ce que *tout Curé eft cenfé approuvé pour la Confeffion
PAR LE SEUL TITRE DE SON INSTITUTION.*

Tout Curé par le feul titre de fon inftitution , eft donc cenfé approuvé , felon Pontas , pour entendre les Confeffions des Fidéles des autres
Paroiffes; autrement de ce que tout Curé eft cenfé approuvé pour la Confeffion par le feul titre de fon inftitution , il ne s'enfuivroit pas , comme
il le prétend , que *les Confeffions des Paroiffiens de S. Leuffroy* entendües
par le Curé de S. Martin dans l'Eglife Paroiffiale de S. Leuffroy fuffent
valides. Ce que Pontas ajoûte, qu'un Curé *n'a pouvoir d'adminiftrer les
Sacremens que dans l'étendüe de fa Paroiffe , & non ailleurs fans avoir
obtenu le confentement au moins tacite du Curé, OU fans la permiffion de
l'Evêque Diocéfain,* renferme l'alternative décifive du Rituel Romain &
des divers Rituels du Diocéfe de Rodés , dont l'Expofant a tiré plus haut
de fi grands avantages.

V I.

Van-Efpen (*a*) excepte, comme Pontas , le cas de la coûtume , & dit
qu'*il avoit paru injufte ,* apparebat injuftum , que les Curés , Miniftres
ordinaires du Sacrement de Pénitence , euffent une autorité fi reftrainte,
pendant qu'il étoit ordinaire de voir des Prêtres fimplement approuvez,
entendre les Confeffions dans toute l'étendüe du Diocéfe ; qu'ainfi la
coûtume s'étoit introduite prefque par tout du confentement tacite des
Evêques, qu'un Curé eft cenfé approuvé pour confeffer dans toutes les
Paroiffes du Diocéfe avec la feule permiffion des Curés.

Prefque dans toutes les Eglifes où les Curés ne s'étoient pas maintenus
en poffeffion de confeffer dans toute l'étendüe du Diocéfe avec la feule
permiffion de leurs Confreres, les Evêques ont tacitement confenti au ré-
tabliffement de l'ancienne coûtume , & Mr. l'Evêque voudroit infenfi-

(*a*) Jus Eccl. part. 2, tit. 6. cap. 6. n. 9.

M

blement l'abolir dans un Diocèse où elle n'a souffert aucune interruption?

Le P. Alexandre decide formellement, que dans les Diocèses où c'est la coutume approuvée par l'Evêque, les Curés peuvent sans une approbation speciale, confesser les Paroissiens étrangers, même hors leur Paroisse: (a) Parochi extrà Parochiarum suarum fines Confessiones audire non possunt, eorum qui Parochiali suæ curæ non sunt subditi, nisi Episcopus hanc ipsis potestatem per totam Diœcesim concesserit ; AUT ITA SE HABEAT CONSUETUDO AB EPISCOPO APPRO-BATO.

Cette approbation donnée par l'Evêque ou ses Prédecesseurs à une telle coûtume peut-être absolument revoquée pendant qu'elle est récente, [quoique cependant les choses reviennent facilement à leur premier état, *res facilè redeunt ad primævum statum*,] mais non lorsqu'elle est legitimement prescrite. Le P. Alexandre (b) convient de cette maxime à l'occasion du droit qu'ont les Curés, en vertu de la coûtume, de se choisir un Confesseur. Antiquâ consuetudine id Juris habent Parochi, quæ consuetudo cùm sit rationabilis & legitimè sit præscripta, in Ecclesiâ vim Legis habet. Ex cap. Cum tanto, extrà de consuetudine.

Et si de ce qu'une Coutume étoit introduite du consentement du Superieur, il s'ensuivoit qu'il pouvoit à son gré y déroger ; c'est inutilement que les Loix Canoniques (c) auroient parlé de Coûtume legitimement prescrite, puisque suivant le sentiment commun, (d) une Coûtume n'est-elle que lorsqu'elle s'est introduite du consentement de celui qui a droit de faire la Loi. Or si la Coûtume legitimement prescrite ne peut être revoquée au gré du Superieur, par le consentement duquel elle a été établie, combien plus cela est-il incontestable de la Coutume qui ne tire pas sa principale force de la prescription, qui a toûjours quelque chose d'odieux lorsqu'elle déroge au Droit Positif, mais de la Loi dont elle est l'effet, ou plûtôt qui n'est elle-même qu'une Loi religieusement observée, & réünit ainsi toute la force de la Loi & de la Coûtume.

La regle que l'Exposant vient de proposer touchant le droit qu'à l'Evêque de revoquer l'approbation donnée à un usage non prescrit, sert à interpreter ce que dit Mr. de Hericourt, qui semble dabord contraire aux Curés même des Diocèses où l'usage établi est favorable à leur droit. Ce sçavant Canoniste ne peut parler dans cet endroit que d'un usage récemment établi, mais non *d'une coutume fondée sur un usage immemorial & legitime qui n'a rien de contraire aux regles fondamentales de la Discipline Ecclesiastique* ; [e] puisqu'il convient qu'une telle *Coûtume l'emporte sur les Loix positives* ; & qu'il dit, que c'est une *Règle generale repetée plusieurs fois dans le Droit Canonique, que les Coûtumes anciennes des Eglises doivent être observées, & que le Pape même n'y doit pas donner d'atteinte par de nouvelles Constitutions, quand ces Coûtumes sont anciennes & legitimes, c'est-à-dire, quand elles ne sont contraires ni aux*

(b) Lib. 2. de Sacr. Pœnit. Reg. 19.
(c) Ibid. Reg. 14.
(c) Gloss.
(d) Fagnan, tom. 2. in 2. Decret. de Foro Compet. cap. cum Contingat.
(e) Analys. des Decrets, liv. 1. tit. 4.
(f) Loix Ecclef. 1. part. chap. 17. n. 1. p. 116.

regles de la Discipline Ecclesiastique, qui ont été de tout tems observées dans l'Eglise.

VII.

Ce que dit ici Mr. de Hericourt est si certain, qu'il n'est contesté du moins d'aucun Auteur François. Il est donc impossible que la Sorbonne en 1735. ait voulu decider, que les Curés ne peuvent se commettre mutuellement & se communiquer leur Jurisdiction pour l'administration des Sacremens de Pénitence dans un Diocèse, où non-seulement la coûtume est immemoriale, mais des plus anciennes, & autorisée par une suite de Monumens.

Quelques-unes des Propositions censurées parlent d'usage, mais elles ne distinguent pas entre l'usage récent, l'usage immémorial & l'usage encore plus ancien. Il faudroit néanmoins passer par tous ces differens degrés pour en venir à la condamnation de l'usage de l'Eglise de Rodés, d'ailleurs si souvent confirmé par l'autorité Episcopale.

La qualité de Curé de Cathedrale dispenseroit l'Exposant d'approfondir la censure de Sorbonne où il ne seroit pas compris, ainsi qu'il paroîtra par le huitième Moyen, quand même elle auroit le sens qu'y donne M. l'Evêque; mais les droits de ses Confreres sont trop chers à l'Exposant pour ne pas montrer que l'intention de la Faculté de Théologie de Paris n'a pas été d'y donner la moindre atteinte.

Voici les Propositions censurées. [a] 40. " Les Curés n'ont point be-
,, soin de l'approbation expresse OU TACITE de l'Evêque pour en-
,, tendre les confessions des autres Paroissiens & les absoudre, il leur
,, suffit d'avoir le consentement du Curé de ceux qui s'adressent à eux.
,, 41. Les Prêtres... s'ils sont Curés il est incontestable qu'ils peuvent
,, confesser les Paroissiens des autres, même d'un autre Diocèse avec
,, la seule permission des Curés. 42. Un Evêque NE PEUT empê-
,, cher les Curés de confesser les Paroissiens des autres, quand c'est
,, l'usage du Diocèse, quand c'est dans leurs Eglises qu'ils les confes-
,, sent. 43. AUCUN DROIT N'AUTORISE l'Evêque à défendre
,, à un Curé de confesser les Paroissiens des autres, quand les Curés
,, y consentent, & que c'est la pratique generale du Diocèse. 44. l'Evê-
,, que peut défendre à un Curé de confesser les Paroissiens des autres
,, sans la permission de leur Curé; mais il NE PEUT PAS, s'il les
,, confesse avec la permission de leur Curé.

Ces Propositions prises en rigueur meritent condamnation, & sont encore plus dignes de censure, lorsqu'on les rapproche des autres Propositions censurées, qui achevent de fixer le sens condamné.

Celles qu'on vient de rapporter ont chacune en particulier un des deux vices que l'Exposant va relever, & même elles se communiquent les unes aux autres ce qu'elles ont de mauvais, étant condamnées *in globo* à la difference de la plûpart des autres comprises dans cette censure.

Le premier de ces vices se presente dabord; l'Auteur dit que les Curés n'ont point *besoin de l'approbation expresse ou tacite de l'Evêque* pour entendre les confessions des autres Paroissiens & les absoudre; ce n'est pas là ce que soûtient l'Exposant. Il prétend seulement suivant *le commun sen-*

(a) Cens. S. Facult. Paris. lata in libell. cui tit. *Consultation sur la Jurisdiction & approbation necessaires pour confesser.*

timent des *Théologiens*, attesté par Mr. de S. Beuve, [a] & selon l'expression de ce celebre Docteur, que *les Curés qui n'ont point l'approbation de l'Evêque*, OUTRE *leur titre Curial*, *peuvent entendre les confessions
des Paroissiens de leurs Confreres*, dans les Diocèses où c'est l'usage, &
où les Curés se sont donné reciproquement ce pouvoir ; c'est-à-dire que
pour cet effet ils n'ont point besoin d'une approbation *speciale* de l'E-
vêque & differente de celle qui est renfermée dans le *titre Curial*. Car
quoique l'Evêque en donnant le titre à un Curé ne l'approuve *expressement* que pour sa Paroisse, il l'approuve néanmoins *tacitement* pour entendre les confessions dans toute l'étendue du Diocèse, du consentement
des Curés des lieux, parce que suivant la disposition des Constitutions
Canoniques, entr'autres de la fameuse clause, *Si quis alieno Sacerdoti* du
Concile general de Latran dont le Canon a été renouvellé par le S. Concile de Trente, dès qu'un Prêtre est établi Curé, il est tenu de droit pour
capable d'entendre les confessions des Paroissiens étrangers du consentement de leur propre Curé. L'approbation expresse que reçoit de l'Evêque tout Curé pour confesser dans sa propre Paroisse, est donc de droit
une approbation *tacite* pour entendre les confessions des étrangers avec
la permission de leur Curé ; & l'Evêque en faisant Titre pour une Cure,
ne peut pas separer deux choses que l'Eglise Universelle a liées ensemble,
ainsi que l'Exposant l'a prouvé dans le premier Moyen, & par les textes
formels des Saints Decrets, & par une foule de Canonistes & de Théologiens anciens & modernes.

Or dès que l'approbation *tacite* pour confesser les étrangers du consentement du propre Curé, est suivant la disposition des saints Canons,
renfermée dans l'approbation expresse pour confesser ses propres Paroissiens, & par consequent dans le titre Curial, elle ne peut être revoquée
au gré de l'Evêque ; parce que selon la maxime établie par le Ministere
public, [b] ce n'est que *pour la revocation des Pouvoirs que les Evêques ont accordez à ceux qui n'ont pas des titres particuliers pour exercer les
fonctions du Ministere Ecclesiastique, tels que sont les Curés, que les Evêques
ne sont soûmis à aucun Tribunal*.

Mais est-il croyable que l'Anonyme condamné en 1735. par la Faculté
de Théologie de Paris ait prétendu dans ce sens que *les Curés n'ont point
besoin de l'approbation expresse ou tacite de l'Evêque* pour entendre les confessions des Paroissiens étrangers ? c'est là le fond de son système. L'Assemblée du Clergé de 1625. a ordonné [art. 23. du Regl. des Regul.
[c] que *quelques Provisions que puissent avoir les Curés, ils seront néanmoins tenus de se presenter à l'Evêque pour être examinez & établis par son
autorité dans lesdites Cures*. Ce qui est très-conforme à l'ancienne Discipline : mais au jugement de l'Anonyme ce n'est qu'*une ceremonie de décence*,
(d) & la validité de l'absolution ne dépend ni de l'approbation ni de la
Jurisdiction, mais *de la puissance d'ordre*. Ainsi selon cet Auteur, (e) *il ne
faut autre chose que la qualité de Prêtre pour confesser & donner des absolutions
valides à des pecheurs secrets*, [f] & les Prêtres lorsqu'ils ont été ordonnez,

(a) Tom. 3. Cas. 25.
(b) Arrêt du Parlement du 23. Novemb. 1737. portant suppression d'un écrit intit. Mandement de
M. l'Evêque de S. Pons, p. 4. & 5.
(c) Mem. du Clergé Tom. 6. p. 132.
(d) Prop. 11. condamn.
(e) Prop. 9. condam.   [f] Prop. 10. condam.

ont

ont reçu le pouvoir d'absoudre, comme il paroît par les *Propositions suivantes censurées.*

„ 1. La validité [du Sacrement de Pénitence] ne dépend pas de la
„ Jurisdiction. 2. On ne peut prouver par la Tradition que la Jurisdiction
„ est necessaire pour absoudre validement. 3. Il est constant que l'Eglise
„ n'a point encore décidé, que le défaut de Jurisdiction ou de commission
„ de l'Ordinaire, annulloit de soi le Sacrement de Pénitence. 4. Il n'est
„ aucunement certain que le Concile de Trente ait prononcé, qu'une
„ confession faite à un Prêtre qui n'a point de Jurisdiction est nulle de
„ droit. 5. Tous les Prêtres donc, les Pasteurs & ceux qui ne le sont pas,
„ sont unis dans le pouvoir de lier & de delier, & par l'institution de
„ Jesus-Christ tous ont des sujets: ces sujets sont le monde Chrétien. 6. La
„ Jurisdiction & l'approbation ne sont qu'accessoires & de Discipline.
„ 7. Les Loix de la Jurisdiction ou de l'approbation sont des Loix de pu-
„ re Police. 8. Les Prêtres confessoient dans les premiers siécles de l'E-
„ glise sans la permission des Evêques & des Curés. 9. Onze Siécles
„ s'étoient écoulez depuis la Naissance de Jesus-Christ.... dans une si
„ longue suite de siécles on n'avoit pas entendu parler, ou que fort peu,
„ qu'il falloit autre chose que la qualité de Prêtre pour confesser & don-
„ ner des absolutions valides & licites à de pécheurs secrets. 10. Les
„ Prêtres reçoivent en même-tems [lorsqu'ils sont ordonnez] la Mission
„ de leur Evêque ou au moins sa permission, &c.... par là ils deviennent
„ capables lorsqu'ils en seront requis par les Pasteurs ordinaires des Pa-
„ roisses, ou que quelque Pénitent aura des raisons de droit pour se sou-
„ mettre à eux, d'exercer le *pouvoir complet* d'absoudre & de juger qu'ils
„ ont reçu, lorsqu'ils ont été ordonnez. 13. Le Prêtre *qui n'a que la puis-*
„ *sance d'Ordre*, est le Ministre de Dieu pour absoudre dans tous les cas &
„ toutes sortes de personnes, & lui reconcilier parfaitement le pécheur ;
„ mais il n'est pas le Ministre de l'Eglise, puisqu'il n'a pas son institution,
„ & par là il n'est pas propre pour lui reconcilier ceux qui l'ont offensée
„ par la désobéissance, scandalisée & contristée par leurs crimes. 15. La
„ necessité de la prendre (l'approbation) n'est pas si constante que son
„ défaut rende le Sacrement d'aucune consequence.

Il resulte manifestement de toutes ces Propositions, que lorsque l'Auteur condamné dit plus bas, que *les Curés n'ont point besoin de l'approbation
expresse ou tacite de l'Evêque* pour entendre les confessions des autres
Paroissiens & les absoudre, il exclut même la necessité *de l'approbation
tacite* pour confesser les Paroissiens étrangers du consentement de leurs
Confreres, renfermée suivant la disposition des Saints Canons dans l'approbation expresse pour entendre les confessions de leurs propres Paroissiens, qui n'est pas elle-même absolument necessaire dans les principes de l'Anonyme, puisqu'en recevant l'Ordination, ils ont, selon lui,
reçu le pouvoir complet d'absoudre.

Or l'Exposant a combattu ce systême dans toute la suite de ce Memoire ; & la question agitée entre M. l'Evêque & ses Curés n'est pas, si
les Curés *ont besoin d'approbation* pour confesser d'autres que leurs Paroissiens ; mais s'ils ont besoin *d'une approbation expresse*, d'une approbation differente de celle qui est contenue dans le titre Curial, & qui y
est attachée de droit, selon le commun sentiment, ou par la coûtume
selon quelques Auteurs ; en un mot s'ils ont besoin *d'une approbation*

N

fpeciale. C'eft fous ces termes que M. l'Evêque propofe lui même la queftion, (a) auffi bien que Van-Efpen : (b) *Invaluiffe videtur quod Parochiale Beneficium obtinens, in vim illius cenferetur approbatus ad audiendas confeffiones per totam Diœcefim & in omnibus Parochiis hujus Diœcefis de folo confenfu Parochorum, tametfi nullam SPECIALEM approbationem ad audiendas confeffiones ab Epifcopo obtinuerit PRÆTER EAM quæ cum ipfâ Curâ animarum data fuit. Apparebat enim injuftum, &c.* & dès que ce Canonifte convient qu'il paroiffoit y avoir *de l'injuftice* à n'établir pas une pareille coûtume, encore qu'il prétende qu'elle ne s'eft introduite que du confentement des Evêques, il n'accorde pas fans doute à l'Evêque le pouvoir de l'abroger lorfqu'elle eft établie; ce feroit reconnoître en lui le pouvoir de faire une chofe injufte. *Apparebat enim injuftum, &c.*

Le fecond vice des propofitions cenfurées eft que l'Evêque ne peut même en la forme de droit, défendre à un Curé de confeffer les Paroiffiens des autres, s'il les confeffe avec la permiffion de leur Curé. Car, 1°. Selon l'Auteur cenfuré, l'abfolution donnée par un Curé, & même par un fimple Prêtre, eft tellement valide quelque défenfe de confeffer que l'Evêque leur faffe, & en quelque forme qu'il la leur faffe, que pour rendre nulle cette abfolution, il faudroit leur ôter le caractere Sacerdotal qui eft indélebile; & comment l'Evêque pourroit-il, même en obfervant l'ordre Canonique, rendre un Curé incapable d'entendre les confeffions, foit de fes Paroiffiens, foit des étrangers, puifque dans ce fyftême l'Eglife ne le peut elle-même. Prop. 11. condamn. *L'Eglife ne peut rendre invalide le Sacrément de Pénitence quand le fujet qui le reçoit eft bien difpofé.* Prop. 12. condamn. *Tout le pouvoir de l'Eglife & du Pape ne s'étend alors qu'à des ceremonies de décence, & à des Réglemens de bon ordre & de Difcipline, fans donner à prétendre que leur omiffion altere le fond du Sacrement.*

2°. Suivant les principes de l'Anonyme, un Curé interdit par l'Evêque en la forme de droit, peut non-feulement donner des abfolutions valides, puifque la qualité feule de Prêtre lui donne *un pouvoir complet de l'abfoudre* que l'Eglife ne peut lui ôter, mais il peut être employé par un autre Curé, même fans bleffer la décence & le bon ordre, fi le merite du Curé interdit dans les formes eft conftant, & fi des befoins preffans demandent fon miniftere, (c) *parce qu'alors l'Evêque qui le retire de l'emploi, eft déja condamné;* que *l'Eglife ne peut que loüer & approuver le zele d'un Curé qui employe un digne Miniftre dans le befoin & pour l'utilité des peuples;* (d) que *le Curé eft le propre Prêtre, le Pafteur fpecial & particulier, qui a une Jurifdiction ou une puiffance de gouvernement immediate & la plus prochaine fur le peuple qui lui eft foûmis;* (e) que *le Concile de Trente n'a point dit, que l'Evêque avoit plus de puiffance & d'autorité pour l'adminiftration des Sacremens ordinaires, foit pour les adminiftrer ou faire adminiftrer dans une Paroiffe, que le Curé même.*

Tel eft le fyftême condamné en 1735. fyftême effentiellement dif-

(a) 2. Lett. Circ. p. 2.
(b) Part. 2. tit. 6. Cap. 6. n. 9.
(c) Prop. 23. condamn.
(d) Prop. 33. condamn.
(e) Prop. 34. condamn.

ferent de celui de l'Expofant. Et pour mettre la chofe dans le dernier degré d'évidence, il fuffit de rapporter le Précis que fait la Faculté de Théologie de Paris, tant de la Doctrine Catholique, que
de la Doctrine proscrite fur cete matiere.

La Doctrine catholique, dit la facrée Faculté, (a) avoit été jufqu'ici
en fûreté, étant appuyée fur ces deux fondemens, fçavoir la déclaration
expreffe du S. Concile de Trente, touchant la neceffité de la Jurifdiction pour
abfoudre validement, & la Loi faite par le même Concile touchant l'approbation que les Prêtres doivent recevoir de l'Evêque pour entendre les confeffions des Fidéles. Orthodoxa Doctrina huc ufque in tuto effe videba-
tur duobus hifce fulta præfidiis, nimirùm & apertâ Concilii Tridentini declaratione de neceffitate Jurifdictionis ad abfolvendum validè, &
Lege ab eadem facrâ Synodo latâ de obtinendâ à Præsbytero approbatione Episcopi ad excipiendas Fidelium confeffiones.

Or la Sorbonne n'accufe l'Anonyme d'avoir attaqué la Doctrine de
l'Eglife que fur ces deux points : (b) Quoad utrumque caput ... vir du-
plex animo habet in mente prorfus fubvertere .... modò afferit abfolvendi
poteftatem à Jurifdictione non pendere; modò, ac fi tamen Jurifdictionis ne-
ceffitatem agnofceret, contendit eam conferri, cuilibet Sacerdoti in fua Ordi-
natione & ita firmiter adhærefcere, ut nullâ Ecclefiæ Lege fubtrahi poffit aut
limitari. Ubi autem idem Autor Dogma de neceffitate Jurifdictionis atten-
tavit profcindere, vir utique confidentiffimus à fancitâ folemni Lege
approbationis obtinendæ Sacerdotes propriâ fuâ auctoritate eximit, atque ut vim Decreti quâ premitur elevet, falfas hactenùfque inauditas interpretationes adhibet. Debuiffet profectò præ pudore & ex con-
fcientiâ abftinere ab impugnandis veritatibus, quas A NEMINE CA-
THOLICO huc ufque fuiffe impetitas IPSE CONFITETUR.

La Faculté de Théologie de Paris reduit à deux chefs l'accufation formée contre l'Anonyme : D'avoir nié 1°. La neceffité de la Jurifdiction.
2°. La neceffité de l'Approbation ; & cette Faculté en ajoûtant, qu'aucun
Catholique n'avoit jufqu'ici attaqué ces veritez, à nemine Catholico huc ufque impetitas, & que les interpretations de cet Auteur étoient inoüies jufqu'au
jour préfent, hactenùfque inauditas interpretationes, fait voir clairement
qu'en condamnant cet Auteur pour avoir nié que les Curez euffent befoin
de l'approbation expreffe ou tacite de l'Evêque pour abfoudre les Paroiffiens
étrangers, elle l'a condamné pour avoir nié la neceffité de toute approbation, même de l'approbation tacite renfermée dans le Titre Curial en
la maniere expliquée, & non pour avoir nié la neceffité d'une approbation fpeciale, puifque l'Expofant a rapporté dans fon premier Moyen une
multitude de Théologiens & de Canoniftes très-orthodoxes qui ont prouvé par les Conciles de Latran & de Trente, qu'une telle approbation
n'étoit pas neceffaire ; & que tant qu'un Curé étoit en place, il étoit capable d'entendre les confeffions des étrangers, & n'avoit befoin que de
recevoir la Jurifdiction de fes Confreres. Auffi la Sorbonne [c] en établiffant la neceffité de la Jurifdiction & de l'Approbation, marque bien
que tout Prêtre doit recevoir l'Approbation de l'Evêque, mais elle ne

(a) Cenf. p. 2.
(b) Ibid. p. 2. & 3.
(c) Aperta Concilii Trid. declaratione de neceffitate jurifdictionis ad adfolvendum validè, & Lege
ab eadem Sacra Synodo latâ de obtinendâ à Presbytero approbatione Epifcopi, ad excipiendas fidelium
confeffiones. Cenf. p. 2.

s'explique pas de même touchant la Jurifdiction, parce que les Prêtres-Curez peuvent la recevoir des curez des Lieux pour entendre les confeffions des étrangers; & tout cela s'accorde parfaitement avec le Decret du Saint Concile de Trente, [a] qui declare *nulle l'Abfolution donnée par le Prêtre qui n'a fur le Pénitent ni jurifdiction ordinaire ni deleguée*, mais qui n'ôte pas aux Curez le pouvoir qu'ils avoient auparavant de communiquer leur jurifdiction à ceux qui de droit ne font pas incapables d'entendre les confeffions.

L'intention de la Faculté de Théologie de Paris n'a donc point été de condamner aucun fentiment foûtenu par des Auteurs Catholiques, & de prononcer fur aucune matiere mife en doute parmi les Sçavans : en cela elle s'eft conformée à ce que difent les Evêques de France affemblez en 1660. "qu'afin que les Jugemens fur une matiere *mife en doute parmi les Sçavans* foient autorifez, il eft neceffaire de les donner dans une Af-
,, femblée canonique, foit d'un Concile Provincial, ou d'un National,
,, ou bien dans une autre Affemblée compofée d'un grand nombre d'E-
,, vêques, d'où la Relation étant envoyée enfuite au Pape, l'erreur foit
,, condamnée dans toute l'Eglife par l'autorité du S. Siége Apoftolique.
Regle qui a fans doute fon application au cas prefent, où il s'agit du fens des Decrets des Conciles Generaux.

Or M. l'Evêque convient, [b] qu'*il y a des Théologiens qui ont crû que les Curez pouvoient fans une approbation fpeciale de l'Evêque, confeffer les Paroiffiens étrangers, avec le confentement de leur propre Pafteur.* Mais que ces Théologiens font *contredits par un grand nombre d'autres.* On a vû que ce nombre étoit bien petit, & que le nombre des autres étoit bien grand; l'aveu de M. l'Evêque fuffit pour affûrer que la Sorbone n'a pas prononcé fur ce point. combien moins de rapport la cenfure a-t-elle à la queftion prefente, qui n'eft pas difputée dans le cas d'une coûtume legitimement preferite, fur tout lorfqu'elle eft immemoriale, & encore moins lorfqu'elle eft des plus anciennes ? *Probus*, après avoir remarqué que la coûtume, qui dans le Droit civil a une fi grande force, en a une plus grande dans le Droit Canon : *In jure noftro diximus confuetudinem maximam vim & efficaciam habere*, ajoûte que quand il y a partage de fentimens, elle décide: *quando variæ reperiuntur opiniones in facto uno, obtinet partes illa pro qua confuetudo laborat.* L'Ordonnance de M. l'Evêque, qui en reftraignant l'Expofant à fes feuls Paroiffiens, donne atteinte à la coûtume uniververfelle & très-ancienne du Diocefe de Rodés, eft donc abufive.

Avant que de paffer au fixiéme Moyen, l'Expof. refoudra une difficulté fur laquelle M. l'Evêque infifte particulierement, & la réponfe fera tirée des cinq Moyens précedens.

V I I I.

,, (c) Dans le doute fur la validité des Sacremens, on eft obligé, dit
,, M. l'Evêque, de prendre le parti le plus fur.... Le Pape Innocent XI.
,, par fon Decret du 2. Mars 1679. a condamné avec l'applaudiffement
de tout le Monde Chrétien, difent les Evêques de France affemblez en
,, 1700. la Propofition fuivante parmi un grand nombre d'autres. Non eft

(a) Seff. 14. de Pœnit. cap. 7.
(b) 2. Lett. Circ. p. 2.
(c) 2. Lett. Circ. p. 26. & 27.

,, illicitum

,, illicitum in Sacramentis conferendis fequi opinionem PROBABILEM,
,, relicta tutiore nifi id vetet lex, confuetudo, aut periculum gravis damni
,, incurrendi. Hinc Sententiâ probabili tantum utendum non eft in col-
,, latione Baptifmi, Ordinis Sacerdotalis, aut Epifcopalis : Le Clergé
,, de France a renouvellé en 1700. la condamnation de cette Propofition
Si la queftion prefente eft difputée parmi les Théologiens & les Canoniftes:
,, Il n'eft donc pas permis à un Curé de confeffer ceux d'une Paroiffe
,, étrangere, à moins qu'il n'y foit autorifé par une approbation expreffe
,, ou tacite de l'Evêque.

1°. L'Expofant foufcrit volontiers à la condamnation prononcée par
Innocent XI. avec l'applaudiffement de tout l'Ordre Epifcopal, & plût à
Dieu qu'il n'y eût aucun Prêtre qui ne condamnât auffi fincerement cette
foule d'erreurs profcrites par ce Saint Pape, par Alexandre VII. les Evêques de France, les Univerfitez, & dont feu M. l'Evêque a renouvellé
les cenfures.

2. Le Decret d'Innocent XI. ne condamne que ceux qui dans l'adminiftration des Sacremens, fuivent une opinion fimplement probable,
probabilem: On ne pourroit donc pas conclure précifement de cette
condamnation qu'il ne fût permis de fuivre l'opinion la plus probable.
Ce point demande neanmoins un nouvel éclairciffement. Voici celui que
nous donne Nugno [*a*] fçavant Théologien de l'Ordre de S. Dominique, qui a écrit avant le Decret d'Innocent XI. mais qui a condamné
d'avance la Propofition cenfurée. *Quand il n'eft pas queftion, dit il, de
l'effence du Sacrement, mais feulement de fçavoir fi un tel Prêtre en eft veri-
tablement le Miniftre ou non : il femble qu'on peut fuivre une opinion probable,
parce que dans ce cas le Souverain Pontife peut fuppléer à ce qui manque à ce
Prêtre, & que la raifon demande qu'il y fupplée : fauf meilleur avis, il me paroît
que dans ce cas on doit prendre un milieu, & dire qu'on n'eft point obligé de
fuivre le fentiment certain, mais qu'on ne peut pas auffi fe conformer à une
opinion probable quelle qu'elle foit, mais à celle qui eft la plus probable,
& alors, quand ce fentiment fe trouveroit faux, le Sacrement eft valide pour la raifon alleguée :* Salvo meliori judicio, videtur mihi hac in
parte medio modo procedendum effe, fcilicet quod neque tenemur fequi
fententiam certam neque poffumus fequi opinionem probabilem quam-
cumque, fed folùm SENTENTIAM PROBABILIOREM, & tunc
etiamfi de facto Sententia fit falfa CONFICITUR SACRAMENTUM
propter rationem factam.

3°. Après toutes les preuves que l'Expofant a rapportées du fentiment
favorable au droit des Curez, fe contentera-t-on même de les regarder
fimplement comme plus probable ? ou ne pourra-t-on, fans expofer les
Sacremens à nullité, lorfqu'il ne s'agit pas de leur effence, mais du Miniftre, fuivre un fentiment, dès qu'il eft contefté par quelque Théologien ; & qu'eft-ce qui n'eft pas mis aujourd'hui en problême ?

Mr. de Sainte Beuve decide [*b*] que les curez ont le pouvoir de fe
choifir un Confeffeur, & de s'adminiftrer mutuellement le Sacrement
de Penitence, & que l'Evêque *ne peut* leur ôter ce droit. *Je fçai*, ajoûte-
t-il, *qu'il y a des Canoniftes & des Théologiens qui eftiment que les Curez ne*

[*a*] In. Addit. ad 3. part. D. Thom. q. 8. art. 5. dub. 8.
[*b*] Tom. 1. Caf. 3.

O

font pas compris fous ces paroles, aliis fuperioribus, *du chap.* Ne pro dilatione. ce docte Théologien en conclut-il que pour ne pas expofer le
Sacrement à nullité, fous prétexte du fentiment oppofé, les Curez ne
doivent pas ufer de leur droit? Non fans doute: *Mais ces Docteurs*, dit-il,
n'ont aucun fondement de leur explication: ils demeurent même d'accord que
les Curez ont cette liberté par une Coûtume très-ancienne.... on ne peut douter
que cette coûtume n'ait été legitimement prefcrite. On voit ici comment *une*
coûtume très-ancienne & legitimement prefcrite, donne indubitablement la
Jurifdiction, & met le Sacrement à couvert de nullité, malgré la contradiction de l'Evêque & la diverfité de fentiment dans la fpeculation.

cabassut connoiffoit le Decret d'Innocent XI. puifqu'il l'a inferé dans
fa Pratique du Droit Canon; [*a*] & toutefois après avoir obfervé que fuivant Fagnan, les Prêtres approuvez dans un Diocèfe ne peuvent pas abfoudre les Penitens qui viennent d'un autre Diocèfe, parce que la jurifdiction qui leur eft deleguée par leurs propres Evêques, ne peut s'étendre à ceux qui font fous la jurifdiction d'un autre Evêque, foûtient que
la coûtume prefqu'univerfelle depuis quelques fiécles, & qui a force
de Loi, eft contraire à ce fentiment: *Quel eft le Pénitent*, dit-il, *pour fi*
fcrupuleux qu'il foit, qui faffe difficulté là-deffus? *quel eft le Confeffeur*
fage & éclairé qui pour ne pas expofer le Sacrement à nullité, faffe le dif-
cernement des étrangers d'avec ceux du pays, pourvû qu'il foit approuvé dans
l'endroit où le pénitent fe prefente à lui, & qu'il ne lui apparoiffe pas que ce foit
en fraude, & pour décliner la jurifdiction de fon Evêque ou de fon Curé?
Ainfi la coûtume très-ancienne où font les Curez du Diocèfe de Rodés de fe commettre mutuellement pour l'adminiftration du Sacrement
de Penitence, loin d'expofer le Sacrement à nullité, va au-devant
des fcrupules. Quotufquifque eft Pœnitens quamtumvis fcrupulofus, &c.
quem nunc reperias eruditum & fapientem confeffarium qui hoc fine de-
vitandi nullitatem Sacramenti, &c. & cela parce qu'elle decide lorfqu'il
y a diverfité de fentiments, & ne laiffe rien de douteux dans la pratique.

Il faudroit autrement, que les Reguliers qui n'ont pas obtenu la permiffion de l'Evêque pour confeffer ceux de leur ordre, s'abftinffent fous
prétexte que Mr. de Hericour remarque que *l'Edit du mois d'Avril de*
l'année 1695. *paroit s'expliquer d'une maniere fi generale, qu'il femble défen-*
dre aux Reguliers de confeffer même ceux de leur ordre fans la permiffion de
l'Evêque. On a lieu de préfumer que c'étoit le fentiment des Evêques
confultez lorfque cet Edit fut dreffé; cependant Mr. de Hericour ajoûte
que cet Edit n'a rien fait changer de l'ancien ufage [autorifé tacitement
par le Concile de Trente;] tant il eft vrai qu'en cette matiere, on a re-
cours à l'ufage qui regle la Jurifdiction de maniere à ne pas expofer le
Sacrement à nullité.

4°. Le fentiment favorable aux Curés eft fondé fur les Decrets de
l'Eglife Univerfelle, fur le Rituel Romain, & les divers Rituels de ce
Diocèfe; croira-t'on qu'il y ait le moindre danger, à fuivre ce qui eft
prefcrit dans les Livres dreffez pour diriger ceux qui font chargez de
l'adminiftration des Sacremens?

5°. Quoiqu'il y ait quelques Auteurs recens, qui en Thefe generale
ayent contefté le droit des Curés, Mr. l'Evêque n'en a cité aucun qui

[*a*] Jur. Can Theor. & Prax. lib. 3. cap. 8. n. 4; Ibid. n. 5.

le faſſe dans le cas d'une coûtume très-ancienne. Ainſi cette queſtion peut être diſputée par rapport à d'autres Diocèſes où l'uſage n'eſt pas aſſez établi, mais non par rapport à celui de Rodés, où les Curés ſe ſont maintenus dans une poſſeſſion conſtante & conforme au Droit commun.

SIXIE'ME MOYEN D'ABUS.

L'Ordonnance de M. l'Evêque eſt contraire à l'Edit de 1695. concernant la Juriſdiction Eccleſiaſtique & autres Ordonnances Royaux.

La contravention au XII. article de l'Edit de 1695. concernant la Juriſdiction Eccleſiaſtique, eſt marquée. 1°. Sa Majeſté, ſans faire aucune diſtinction des Paroiſſiens & des étrangers, declare *que les Curés pourront adminiſtrer le Sacrement de Penitence dans leurs Paroiſſes*, & qu'elle *n'entend pas les comprendre dans l'article precedent*, qui défend *aux Prêtres Seculiers & Reguliers d'adminiſtrer le Sacrement de Penitence ſans en avoir obtenu permiſſion des Evêques.*

Que les Curés ayent beſoin du conſentement formel ou préſumé de leurs Confreres pour entendre les Confeſſions des étrangers, c'eſt ſur quoi l'Edit ne ſtatuë pas; il enviſage la choſe du côté des Evêques, & decide que ſans une approbation ſpeciale, les Curés peuvent adminiſtrer le Sacrement de Penitence dans leurs Paroiſſes; ils peuvent par conſequent les y adminiſtrer, même aux étrangers, que l'Edit n'excepte point. M. l'Evêque n'a donc pû ſans contrevenir à l'art. XII. reſtraindre l'Expoſant, non-ſeulement à ſa Paroiſſe, mais encore *à ſes ſeuls Paroiſſiens.*

2°. Dès que Sa Majeſté declare que les Curés pourront adminiſtrer le Sacrement de Penitence dans leurs Paroiſſes à la difference des Prêtres Seculiers & Reguliers, qui ſuivant l'art. XI. ne peuvent le faire ſans en avoir obtenu la permiſſion des Evêques, il s'enſuit que c'eſt de droit ordinaire que les Curés entendent les Confeſſions dans leurs Paroiſſes, *ex Statu*, comme parle Gerſon; (a) or quiconque a la Juriſdiction ordinaire peut commettre, ſuivant les Loix Civiles & Canoniques, pourvû qu'il ne délegue que des perſonnes tenuës de Droit pour capables. La maxime eſt inconteſtable, & l'Expoſant a prouvé dans le premier Moyen, que les Canoniſtes en inferoient que les Curés pouvoient commettre pour entendre les Confeſſions; ils peuvent donc commettre d'autres Curés & être commis par eux, puiſqu'ils ſont approuvez de droit & tenus pour capables d'exercer cette fonction, *à jure approbati.*

3°. L'Edit le ſuppoſe clairement; car Sa Majeſté après avoir dit art. XII. que les Curés pourront prêcher & adminiſtrer le Sacrement de Penitence dans leurs Paroiſſes, ajoûte, comme auſſi les Theologaux pourront prêcher dans les Egliſes où ils ſont établis, ſans aucune permiſſion plus ſpeciale; & tout de ſuite art. XIII. *les Theologaux ne pourront ſubſtituer d'autres perſonnes pour prêcher en leur place*: Les Curés peuvent donc ſubſtituer. Exceptio firmat Regulam in contrarium.

_____

(a) De Poteſt. Eccleſ. Conſid. 12. & Tract. de Stat. Eccl. Conſ. de Statu Curat.

Mais pourquoi l'Edit met-il cette difference entre les Théologaux & les Curés, puisque de Droit ordinaire les uns peuvent prêcher dans les Eglises où ils sont établis, & les autres prêcher & administrer le Sacrement de Penitence dans leurs Paroisses sans une permission plus speciale? C'est que suivant la remarque des Canonistes, (a) la Théologale est *un Office* sans Jurisdiction, au lieu que les Curés ont Jurisdiction, & que leur Jurisdiction est ordinaire; d'où il suit que les Théologaux ne peuvent substituer en leur place, & que les Curés peuvent substituer même pour l'administration du Sacrement de Penitence, pourvû qu'ils ne commettent pas de simplesPrêtres, declarez par le Concile de Trente incapables d'entendre les Confessions, avant que d'avoir subi l'examen de l'Evêque & en avoir reçu l'approbation. L'Ordonnance de M. l'Evêque est donc encore à cet égard contraire à l'Edit de 1695.

4°. L'art. XI. du même Edit porte que les Prêtres Seculiers & Reguliers ne pourront administrer le Sacrement de Penitence, sans en avoir obtenu la permission des Evêques, qui pourront la revoquer pour causes survenuës à leur connoissance, *lesquelles ils ne seront pas obligez d'expliquer*. Et l'art. XII. marque que les Curés ne sont pas compris dans le XI. Article. Les Evêques ne peuvent donc revoquer l'approbation renfermée dans le titre des Curés, sans en expliquer *les causes*: Or l'Exposant a fait voir par le témoignage d'une foule de Théologiens & de Canonistes, que dans le titre de tout Curé, est renfermée l'approbation pour entendre les Confessions des étrangers avec le consentement de leur propre Curé. Mr. l'Evêque ne pouvoit donc revoquer à l'égard de l'Exposant cette approbation sans en expliquer les causes, & ces paroles de son Ordonnance, *Pour des causes de Nous connuës*, sont une contravention manifeste à la disposition de l'Edit.

5°. L'article XLIX. de l'Edit, ordonne que les Ecclesiastiques *jouïront de tous les Droits appartenans à leurs Benefices*, & fait *défenses à toutes personnes de leur y donner aucun trouble ni empêchement*: Dès qu'il demeure une fois établi qu'en vertu de leur titre, les Curés peuvent entendre les confessions des étrangers avec la permission de leurs Confreres, qu'ayant la Jurisdiction ordinaire ils peuvent commettre, & qu'étant approuvez de droit, *à jure approbati*, du moins pour tout le Diocèse, ils peuvent être commis & sont tenus pour capables de cette fonction, M. l'Evêque n'a pû priver l'Exposant de ce droit attaché à son titre, sans contrevenir à cet article de l'Edit, Pour pouvoir l'en priver il falloit faire une procedure reguliere, comme pour (b) le priver de son titre même; & M. l'Evêque a rendu son Ordonnance contre l'Exposant sans observer la moindre formalité, sans Requisitoire même de la part du Promoteur, comme s'il eût été question d'une matiere dépendante de la Jurisdiction volontaire, & non de la Jurisdiction contentieuse où le Ministere du Promoteur doit intervenir conformément à l'art. XLIII. C'est ici une veritable suspense, partielle à la verité, mais qui non plus que la totale ne peut être prononcée qu'en la forme de droit. *Parochi*, dit le Jesuite Becan, (c) *censentur approbati ipso jure ratione Beneficii Parochia-*

(a) Pastor. de Benef. lib. 1. tit. 3. n. 10. Vid. n. 7.
(b) Parochus *quamdiù* habet Beneficium Parochiale censetur ubique approbatus, ut etiam in aliis Diœcesibus possit audire confessiones, modò Jurisdictionem accipiat à Parochis pœnitentium. Sylvius in Suppl. ad 3. part. quæst. 8. art. 5. quæst. 6. concl. 1.
(c) Summ. de Sacr. in spec. cap. 38. quæst. 11.

lis...

lis... Approbatio quæ ipso jure fit videtur etiam valere extra Diœcesim , quia hoc ipso quod jure fit communi non dependet ab Episcopo... Quivis Parochus habet approbationem respectu totius Diœcesis & extra Diœcesim ... Approbatio quæ ab ipso jure fit , non potest revocari ab Episcopo , nisi quando Parochi qui hoc modo approbati sunt , ob delicta aut ignorantiam suspenderentur ab Ordinario vel aliquis eis Coadjutor adjungeretur & assignaretur.

6°. L'Exposant a déja établi dans le quatriéme Moyen , & établira de plus fort , que l'Ordonnance de M. l'Evêque est contraire aux Libertés de l'Eglise Gallicane ; il y a donc contravention aux Ordonnances Royaux & Arrêts qui confirment ces Libertés.

7°. L'Ordonnance de M. l'Evêque est contraire aux Capitulaires de Charlemagne : [a] *Nullus Sacerdos* , y est il dit , *in alterius Civitate vel Diœcesi pœnitentem vel sub manu positum Sacerdotis , vel qui reconciliatum se esse dixerit , sine consensu & Litteris Episcopi VEL Præsbyteri , in Parochiâ Præsbyter aut Episcopus in Civitate suscipiat.* Ce Capitulaire marque positivement que le consentement du propre Curé suffit pour qu'un Pénitent puisse s'adresser à un autre Curé ; *sine consensu Episcopi vel Præsbyteri.* Le terme de Prêtre signifie ici comme dans tous les autres anciens Monumens , Curé , les Ordinations absoluës étant pour lors défenduës : cela paroît même clairement par ces autres paroles du Capitulaire , *in Parochiâ Præsbyter.*

Au reste , quoique selon l'art. XXXIV. de l'Edit de 1695. *la connoissance des causes concernant les Sacremens , la Discipline Ecclesiastique , & autres purement spirituelles , appartienne aux Juges d'Eglise* ; la connoissance de la cause de l'Exposant appartient néanmoins à la Cour , comme il paroît par les paroles suivantes de cet article. *Enjoignons même à nos Cours de Parlement de leur en laisser & même de leur en renvoyer la connoissance , sans prendre aucune Jurisdiction ni connoissance des affaires de cette nature , si ce n'est qu'il y eût Appel comme d'abus.*

SEPTIE'ME MOYEN D'ABUS.

L'Ordonnance de M. l'Evêque est contraire au cinquiéme Article des Libertés de l'Eglise Gallicane.

L'Exposant dans quelques lignes effacées du Mémoire qu'il prit la liberté de présenter à M. l'Evêque , avoit dit qu'*un Evêque ne peut à son gré dépoüiller un Curé de sa Jurisdiction , ou la restreindre.*

Il a craint d'en trop dire , répond M. l'Evêque , (b) il a effacé lui-même de son Mémoire cette consequence , & il a mieux aimé abandonner à ses Lecteurs le soin de la tirer eux mêmes du principe qui a précedé. C'est-à-dire donc que M. l'Evêque ne croit pas cette maxime *digne de voir le jour* ; & il est visible que c'est en consequence de la maxime opposée , que le jour de la publication de la seconde Lettre Circulaire où il parle ainsi , il fit signifier à l'Exposant l'Ordonnance , où sans aucune forme il le dépoüille d'un droit attaché à son Titre en la maniere expliquée. Cependant la maxime inserée dans le Mémoire , & effacée uniquement pour

(a) Capit. lib. 7. cap. 49.
(b) 2. Lett. Circ. p. 29.

P

ne pas bleſſer ſans neceſſité la délicateſſe de M. l'Evêque, eſt un des principaux fondemens de l'Egliſe Gallicane.

I.

La puiſſance de l'Evêque n'eſt pas plus abſoluë & plus arbitraire que celle du Pape ; or l'article 5. des Libertés de l'Egliſe Gallicane parlant de la puiſſance du Pape, & de toute autre puiſſance Eccleſiaſtique (a) porte qu'*encore que le Pape ſoit reconnu pour ſuperieur des choſes ſpirituelles: Toutefois en France la puiſſance abſoluë & indéfinie n'a point de lieu, mais eſt retenuë & bornée par les Canons & regles des anciens Conciles de l'Egliſe reçus en ce Royaume*, & in hoc maxime conſiſtit Libertas Eccleſiæ Gallicanæ.

L'Auteur du Commentaire ſur le Traité de nos Libertés (b) obſerve, que *tous les articles des Libertés ne prouvent autre choſe qu'une perpetuelle oppoſition de notre part à cette abſoluë puiſſance.* Les Evêques de France aſſemblez en 1682. dans leur *Declaration touchant la puiſſance Eccleſiaſtique* (c) ont témoigné combien ils y étoient oppoſez. *Hinc Apoſtolicæ poteſtatis uſum moderandum per Canones ſpiritu Dei conditos & totius mundi reverentiâ conſecratos.* C'eſt le troiſième article, & Sa Majeſté dans un Edit enregiſtré dans tous les Parlemens, (d) enjoint à tous les Evêques d'employer leur autorité pour faire enſeigner dans l'étenduë de leur Diocèſe la Doctrine contenuë dans ladite Declaration.

Le Pape, dit M. Boſſuet, (e) à l'occaſion du 3. art. de la Declaration du Clergé, *ne gouverne pas l'Egliſe A SON GRE'*, non ad arbitrium. Tel eſt le langage perpetuel des Auteurs François. (f) ,, Suivant cet ancien Droit ,, commun de toute l'Egliſe que nous ſuivons comme notre regle, pour ,, les points ſur leſquels nous avons eu le bonheur de conſerver ſes diſpo- ,, ſitions, dit Mr. de Hericourt, (g) le Pape eſt regardé comme le pre- ,, mier de tous les Paſteurs, comme le Chef de toutes les Egliſes, com- ,, me ayant autorité & Juriſdiction ſur chacun des Paſteurs, & ſur chaque ,, Egliſe, MAIS UNE AUTORITE' ET UNE JURISDICTION ,, QUI DOIT ETRE REGLE'E PAR LES SAINTS CANONS, ,, qui eſt établie pour édifier & non pas pour détruire, qui doit conſer- ,, ver les Loix univerſelles de la Diſcipline Eccleſiaſtique, ET LES ,, COUTUMES LEGITIMES DES EGLISES PARTICULIE- ,, RES, QUI NE DOIT POINT ENTREPRENDRE SUR LES ,, DROITS DES PASTEURS INFERIEURS ; & qui doit être ,, ſoûmiſe au Jugement de l'Egliſe Univerſelle : cette puiſſance N'EST ,, POINT MONARCHIQUE MAIS TEMPERE'E PAR L'ARIS- ,, TOCRATIE. *Quoiqu'il n'y ait point DE MONARCHIE DANS* ,, *L'EGLISE*, dit le celebre Patru, *il ne s'enſuit pas là qu'il n'y ait point* ,, *de Primauté ; eſt certain au contraire par les mêmes raiſons qu'il y en a une,* ,, *mais qui eſt Sainte, qui eſt Apoſtolique, qui eſt ſans domination, qui*

(a) Trait. des Droits & Libert. de l'Egl. Gall. Tom. 1. Edit. de 1731.
(b) Ibid. Comm. ſur le Trait. des Lib. de l'Egl. Gall. p. 18.
(c) Cler. Gall. de Eccl. Poteſt. Declar. art. 3.
(d) Edit. ſur la Declar. faite par le Clergé de France, de ſes ſentimens touchant la Puiſſ. Eccl. 1682. art. VI.
(e) Def. Decl. Cler. Gall. Part. 2. Lib. 11. ad cap. 3. Gall. Decl. cap. 2.
(f) Fevret Trait. de l'Abus, Tom. 1. Liv. 1. chap. 4.
(g) Loix Eccl. de France, 1. Part. chap. 17. des Coûtumes des Lib. de l'Egl. Gall.

s'accorde avec la charité. M. de Marca (*a*) employe fon quatriéme Livre de la Concorde du Sacerdoce & de l'Empire, à établir les mêmes principes, & à en faire l'application tant aux Evêques qu'au Pape. La maxime oppofée, fçavoir *qu'un Evêque peut A SON GRE' dépoüiller un Curé de fa Jurifdiction ou la reftreindre*, eft le renverfement des Libertés de l'Eglife Gallicane, & l'anéantiffement de l'Appel comme d'abus.

I I.

L'Expofant avoit avancé que la Jurifdiction des Curés vient immédiatement de Jefus-Chrift quant à fon inftitution primitive; & que *c'eft au Pape & à l'Eglife à la limiter*, felon M. Boffuet (*b*) & la Faculté de Théologie de Paris. Limitationem à Papâ & ab Ecclefiâ effe, Facultas docuit.

M. Boffuet, dit M. l'Evêque, (*c*) *parle SEULEMENT des Loix qui ont reglé* la diftribution *qui doit être faite des Paroiffes aux Prêtres du fecond Ordre... il faut donc ou que l'Auteur du Mémoire n'ait pas lû le Texte qu'il cite de ce fçavant Prélat, ou s'il l'a lû, qu'il foit de très-mauvaife foi quand il lui attribue d'avoir enfeigné que c'eft au Pape & à l'Eglife à limiter la Jurifdiction des Curés.*

Mais. 1°. M. de Meaux dit que la diftribution des Paroiffes en la forme qu'on voit aujourd'hui, fait partie de cette limitation qui vient du Pape & de l'Eglife *pertinet ad eam limitationem quam à Papâ quidem & ab Ecclefiâ ipfa Facultas docuit*; il ne parle donc pas *feulement* de cette diftribution, & il enfeigne au furplus qu'il y a autre chofe de limité par le Pape & l'Eglife que le territoire des Paroiffes: Or la diftribution des Paroiffes une fois faite & le territoire limité, fuivant les Loix de l'Eglife, il ne refte plus rien à limiter que la maniere d'exercer la Jurifdiction; elle eft donc limitée par le Pape & l'Eglife; & cette limitation fait l'autre partie de la limitation qui vient du Pape & de l'Eglife: *pertinet ad eam limitationem quam à Papa & ab Ecclefia effe, ipfa Facultas docuit.*

2°. La diftribution des Paroiffes & la limitation du territoire de chaque Curé, n'eft-elle pas elle-même une limitation de Jurifdiction? Le S. Concile de Trente le marque expreffement. (*d*) *Ubi Parochiales Ecclefiæ certos non habent fines, nec earum Rectores proprium Populum quem regant, fed promifcuè petentibus Sacramenta adminiftrant; mandat fancta Synodus Epifcopis pro tutiori animarum eis commiffarum falute, ut diftincto Populo in certas propriafque Parochias, unicuique fuum perpetuum peculiaremque Parochum affignent, qui eas cognofcere valeat, & à quo folo licitè Sacramenta fufcipiant.* L'exercice de la Jurifdiction des Curés confifte dans l'adminiftration des Sacremens & le gouvernement de leurs Paroiffes. Or c'eft afin qu'ils puffent gouverner leurs Paroiffes, & adminiftrer fans confufion les Sacremens à leurs Paroiffiens, que le Pape & l'Eglife ont ordonné la diftribution & la diftinction des Paroiffes. Donc l'Eglife & le Pape ont reglé la Jurifdiction des Curés par cela même qu'ils ont ordonné la limitation des Paroiffes, & en établiffant les Curés Miniftres ordinaires des

(*a*) De Concor. Sacerd. & Imp. Lib. 4. paffim.
(*b*) Def. Decl. Cler. Gall. Part. 2. Lib. 13. Cap. 14.
(*c*) 2. Lett. Circ. p. 29. & fuiv.
(*d*) Seff. 24. de reform, cap. 14.

Sacremens à l'égard d'un Peuple diſtinct : le Pape & l'Egliſe ſont cenſez avoir autoriſé le droit qu'ont les Curés de commettre des perſonnes tenuës pour capables de la même fonction; Droit qui eſt une ſuite naturelle de la Juriſdiction ordinaire. Auſſi Van-Eſpen (a) conclut-il du Decret du Concile de Trente, concernant la diſtribution des Paroiſſes, qu'à l'exception des Superieurs, les autres Prêtres n'y adminiſtrent les Sacremens que du conſentement exprès des Curés. *Cum Parocho totius Parochiæ Cura ſpiritualis incumbat, etiam ipſi principaliter & jure ordinario competit Sacramentorum adminiſtratio ad excluſionem omnium aliorum inferiorum Sacerdotum; adeo ut ſi qui in ejus Parochiâ aut ejus Parochianis Sacramenta adminiſtrent, id non niſi ut ejus Coadjutores & Subſidiarii, ac de ipſius tacito vel expreſſo conſenſu facere cenſeantur. Hoc Parochorum jus non obſcurè expreſſit Synodus Tridentina, monens Epiſcopos Seſſ. 24. cap. 12. de Reform. ut pro tutiori animarum eis commiſſarum ſalute diſtincto populo in certas propriaſque Parochias, unicuique ſuum perpetuum peculiaremque Parochum aſſignent, qui eas cognoſcere valeat, & à quo, ait, SOLO licitè Sacramenta ſuſcipiant.*

3°. M. Boſſuet a crû auſſi bien que Van-Eſpen, que le Pape & l'Egliſe en ordonnant la diſtribution des Paroiſſes avoient reglé la juriſdiction des Curez. Les paroles de cet Illuſtre Evêque, citées par l'Expoſant, ne contiennent que la réponſe à une Objection qui roule uniquement ſur la juriſdiction des Curez : il faut donc neceſſairement ou que M. Boſſuet ait répondu d'une maniere qui n'a aucun rapport à la difficulté qu'il s'étoit propoſée, ou que quand il a parlé de limitation venant du Pape & de l'Egliſe, il ait voulu parler de la limitation de la juriſdiction des Curez. La ſimple lecture du paſſage entier ſuffit pour s'en convaincre : *(b) Nimia illa [Sorbona] quidem, inquies, quæ poteſtatem juriſdictionis Parochorum æquè ac Epiſcoporum & Papæ à Chriſto eſſe docet ut ex eiſdem monumentis atque ex noviſſima Vernantii Cenſura patet. Qui hæc objiciunt Doctrinam Sacræ Facultatis non intelligunt; diſertè enim explicat hîc agi de Parochis non quantum ad limitationem, ſed quantum ad inſtitutionem primariam, ſubdique in Cenſura Vernantii, ſalvâ ſemper immediatâ Epiſcoporum in Prælatos Minores, ſeu Curatos & plebem ſubditam autoritate. Mens ergo Facultatis de ſecundi Ordinis Sacerdotibus, non ea eſt inſtitutum à Chriſto, ut ſint eo ritu, quem nunc Ecclesſia ſervat in parœcias diſtributi, id enim pertinet ad eam limitationem quam à Papâ quidem & ab Eccleſiâ eſſe, ipſa Facultas docuit.*

Du premier coup d'œil on s'apperçoit que M. de Meaux oppoſe ici la limitation à l'inſtitution primitive , " non quantum ad limitationem ſed " quantum ad inſtitutionem primariam : ces paroles, *quantum ad inſtitutionem primariam*, regardent la juriſdiction des Curez ; ces autres, *quantum ad limitationem*, la regardent auſſi. Or M. Boſſuet dit de la limitation dont il parle, qu'elle vient du Pape & de l'Egliſe ; donc c'eſt le Pape & l'Egliſe qui ont limité & reglé la juriſdiction des Curez qui vient de Jeſus-Chriſt quant à ſa premiere inſtitution. L'Expoſant avoit donc *lû* & n'a point *falſifié* le Texte de M. Boſſuet.

(a) Jus univ. Part. 2. tit. 1. cap. 2. n. 15. & n. 16.
(b) Def. Decl. Cler. Gall. Part. 2. Lib. 13. cap. 14.

III.

III.

Ce fçavant Prélat après avoir expliqué comment le Pape & l'Eglife en ordonnant la diftribution des Paroiffes, & établiffant un propre Curé pour chacune, c'eft-à-dire, un Miniftre ordinaire des Sacremens, avec pouvoir par conféquent de déleguer d'autres perfonnes tenuës de droit pour capables, a limité la Jurifdiction des Curez, marque que la jurifdiction que les Curez ne tiennent que de Jefus-Chrift quant à l'inftitution primitive, & qu'ils tiennent du Pape & de l'Eglife quant à la limitation, doit être exercée fuivant les SS. Canons & les Ordonnances des Evêques. (a) *Quam cum exercet non ab alio quam à Chrifto, fecundùm Canones & Epifcoporum juxta præfcripta exercendam accipiat.*

M. de Meaux ne fepare point ici les Canons de l'Eglife d'avec les Ordonnances des Evêques, pour faire entendre que les Curez *exercent la jurifdiction qu'ils ne tiennent que de Jefus-Chrift.* Non ab alio quam à Chrifto : fous l'autorité des Evêques, & conformément à leurs Ordonnances, qui doivent être conformes aux SS. Canons. Ainfi quoique la diftance foit plus grande du Curé à l'Evêque que de l'Evêque au Pape, (b) parce que le Pape & les Evêques font du même Ordre, & ont le même caractere, *ejufdem ordinis, ejufdem caracteris;* au lieu que les Evêques font d'un Ordre fuperieur à celui des Curez : neanmoins les Curez peuvent dire à l'Evêque ce que les Evêques de France difoient aux Legats de Jean VIII. qu'ils étoient prêts d'obéïr aux Ordonnances du Pape & de fes prédeceffeurs, pourveu qu'elles fuffent conformes aux SS. Canons, (c) *Illi juxtà morem in Gallià receptum refpondent fe Joannis Papæ præceptis, fecundùm facros Canones & Decreta Pontificum è Canonibus promulgata, parituros... aliud ab iis refponfum extundi non potuit.* M. Boffuet parlant des Libertez (d) de l'Eglife Gallicane, qui reglent également & la conduite des Evêques envers le Pape, & des Curez envers les Evêques, dit à l'occafion de ces paroles du Concile d'Ephefe : *Ne Canones Patrum proterantur, ne fub Sacerdotii prætextu mundanæ poteftatis faftus irrepat, ne clam paulatim Libertas amittatur, quam nobis donârit Sanguine Dominus nofter Jefus-Chriftus omnium hominum Liberator;* qu'une partie *de la liberté que Jefus-Chrift nous a acquife par fon Sang, confifte en ce que nous n'obéïffons plus aux hommes, mais aux Canons.* Hæc ergo pars comparatæ Chrifti Sanguine libertatis, ut non hominibus fed Canonibus ferviatur.

Ceux qui font chargez de la conduite des ames fous les ordres de l'Evêque, qui a lui feul dans fon Diocéfe la plenitude de la Puiffance eccléfiaftique, doivent donc fuivre en tout les regles qu'il leur prefcrit, pourveu qu'il ne leur ordonne rien qui foit contraire aux Loix generales de l'Eglife Univerfelle ou aux ufages de fon Eglife legitimement établis.

IV.

C'eft en conféquence de cette maxime que Mr. de Sainte Beuve confulté fur cette queftion, fçavoir fi un Evêque pouvoit défendre à fes Cu-

(a) Ibid. (b) Ibid.
(c) Marca, de Concord. Sacerd. & Imper. lib. 4. cap. 3. n. 5.
(d) Déf. Decl. Cler. Gall. part. 2. lib. 11. cap. 12.

rez de fe choifir un Confeffeur, & de s'adminiftrer mutuellement le Sacrement de Penitence, répond, (*a*) que fon *fentiment eft que l'Evêque ne le peut; ce feroit*, dit-il, *apporter de la confufion dans l'Eglife, & en ôter l'ordre, que de vouloir gouverner des Curez comme des Reguliers: quoique les Curez lui foient inferieurs,* [*& lui doivent obéiffance,*] *ils partagent neanmoins avec lui la follicitude des ames; ils doivent le confiderer comme un Conful*, dit S. Jerôme, *mais il les doit auffi confidérer comme des Senateurs: Non habebo te ut Confulem, fi non habueris me ut Senatorem; pour ces raifons j'eftime que fi un Evêque faifoit cette Ordonnance, il agiroit contre le Canon*, Nepto dilatione, *& contre la Coûtume de l'Eglife Univerfelle, contre laquelle il ne lui appartient pas de rien entreprendre de fon autorité.*

Il ne s'agit donc point ici de mettre le Curé en concurrence avec l'Evêque, mais l'Evêque en concurrence avec l'Eglife: le *pouvoir du Curé eft fubordonné à celui de l'Evêque,* [*b*] mais le pouvoir de l'Evêque eft subordonné à celui de l'Eglife, & c'eft l'Eglife qui a reglé la jurifdiction des Curez, déclaré qu'ils avoient le pouvoir de fe commettre mutuellement, & qui contredit par fes Decrets l'Evêque qui veut dépoüiller fes inferieurs. Or la contradiction de l'Eglife doit prévaloir, parce qu'elle a une autorité fuperieure à celle de l'Evêque.

Cette maxime eft confirmée par le jugement folemnel que rendit le 22. de Mars de l'an 1687. M. le Tellier Archevêque de Rheims en la caufe des Curez d'Amiens. M. l'Evêque d'Amiens avoit publié une Ordonnance, où il déclaroit, 1°. *Que la permiffion que l'on eft obligé de demander à fon Curé ne detruit pas la liberté de la confeffion.* 2°. *Qu'elle n'eft pas neceffaire pour la validité du Sacrement.* 3°. *Que les confeffions faites pendant ce temps-là aux Confeffeurs approuvez de l'Ordinaire, fans avoir demandé cette permiffion aux Curez ne font pas nulles, & ne le pourroient être qu'en cas que l'Evêque eût fufpendu le pouvoir pendant la quinzaine de Pâques.* 4°. *Que ceux qui les ont faites ainfi ne font pas excommuniez, ni obligez de recommencer lefdites confeffions.*

Les Curez d'Amiens appellerent de cette Ordonnance au Metropolitain qui prononça en leur faveur. *Déclarons*, dit M. l'Archevêque de Rheims, 1°. *Qu'il a été mal jugé par l'Ordonnance du Seigneur-Evêque.* 2°. *Que les Curez feront tous les ans le Dimanche des Rameaux, & le jour de Pâques après leur Prône, lecture du Canon* Omnis utriufque fexûs, *du quatrième Concile général de Latran.* 3°. *Que l'obligation de fe confeffer à fon propre Curé, ou de lui demander & en obtenir la permiffion de fe confeffer à un autre Prêtre, fe doit entendre de la confeffion annuelle que tous les Fidéles de l'un & de l'autre fexe font obligez de faire pour fatisfaire au Commandement de l'Eglife, contenu dans le Canon* Omnis utriufque fexûs. 4°. *Que les Confeffeurs, duëment même indefiniment approuvez, ne peuvent pas abfoudre ceux qui pour fatisfaire à la confeffion annuelle ordonnée par le Concile de Latran, n'auroient pas demandé & obtenu la permiffion PARTICULIERE des Evêques ou des Diocefains.*

M. d'Amiens pouvoit faire le même raifonnement que M. l'Evêque de Rodés, (*c*) & dire comme lui: *Le pouvoir du Curé étant fubordonné à celui*

(*a*) Tom. 1. Caf. 3.
(*b*) 2. Lett. Circ. p. 38.
(*c*) 2. Lett. Circ. p. 38.

de l'Evêque, la volonté de l'Evêque doit prévaloir sur celle du Curé. Cependant le Metropolitain *déclara avoir été mal jugé par l'Ordonnance du Seigneur Evêque* ; & les Curez gagnerent leur procès au Tribunal d'un grand Archevêque qui n'ignoroit pas les droits de l'Episcopat, & qui crut que si l'Evêque avoit droit de dispenser de la Loi contenuë dans le Canon *Omnis utriufque fexus*, & accorder en connoissance de cause *des permissions particulieres*, il n'étoit pas fondé à donner une permission générale qui ne tendoit qu'à dépoüiller les Curez de leur Jurisdiction : ce qui étoit une entreprise contre l'autorité de l'Eglise ; & puisque le même Canon qui porte obligation de se confesser à son propre Curé, permet de s'adresser à un autre Curé *alieno Sacerdoti* du consentement du propre Pasteur ; il n'est pas au pouvoir de M. l'Evêque de renverser cet ordre établi par une autorité superieure, ni de restraindre un Curé *à ses seuls Paroissiens*, pendant que l'Eglise lui permet d'entendre les confessions des étrangers du consentement de ses Confreres. L'Ordonnance de M. l'Evêque est d'autant plus abusive, qu'il paroît par la Lettre Circulaire publiée le jour de la signification, qu'il a restreint l'Exposant sur ce fondement, qu'*un Evêque peut depoüiller à son gré un Curé de sa Jurisdiction ou la restraindre* ; ce qui est une contravention manifeste au 5. Article des Libertez de l'Eglise Gallicane, lequel condamne le despotisme dans les Superieurs Ecclesiastiques.

HUITIE'ME MOYEN D'ABUS.

L'Ordonnance de M. l'Evêque est contraire aux Titres particuliers de l'Exposant, fondez sur les Constitutions Canoniques.

I.

L'Exposant a l'honneur d'être Curé de Ville murée, de la Ville Episcopale, de l'Eglise Cathedrale ; & tous ces titres sembloient devoir le mettre encore plus à l'abri du coup que vient de lui porter M. l'Evêque.

L'unique raison qu'allegue M. l'Evêque de Vaison Auteur de la Morale de Grenoble, pour établir qu'*un Curé ne peut pas confesser hors de sa Paroisse, sans l'approbation de l'Evêque*, est que ce seroit un grand inconvenient que les Prêtres qui sont Curez dans quelque petite Paroisse, qui ne demande pas de si grandes connoissances pour s'acquitter des fonctions necessaires, eussent droit, sans l'approbation de l'Evêque, de confesser dans une Paroisse beaucoup plus considerable, qui demande de plus grandes connoissances pour pouvoir s'en acquitter comme il faut.

Si les Paroisses considerables *demandent de plus grandes connoissances*, on doit croire que ceux à qui les Evêques en ont confié le gouvernement, n'appelleront pour se faire aider que des Curez qui soient capables de s'acquitter comme il faut de cette fonction. Ainsi la raison alleguée est trop foible pour détruire un droit si bien établi. Les Conciles de Latran & de Trente l'ont méprisée, puisqu'ils ont fait un Reglement contraire. Toute Loi a quelque inconvenient, *Omnis Lex habet aliquid iniqui* ; & les avantages de la Loi que l'Eglise a fait sur ce point en faveur des Curez, ou plûtôt en faveur des peuples qui leur font commis, l'emportent fur les inconveniens.

Mais cette raifon, fi elle étoit folide par-là même qu'elle prouveroit que ceux qui font pourvûs de petites Cures ne peuvent être commis par les Curez des grandes Eglifes, juftifieroit que ceux-ci pourroient être commis par leurs confreres. Et ce font néanmoins les Curez qui occupent les pôftes les plus importans que M. l'Evêque attaque principalement.

Quoiqu'il arrive que des Curez chargez de la conduite de petites Paroiffes ayent des lumieres fuperieures à celles des Curez des Villes, néanmoins le Concile de Bâle, la Pragmatique-Sanction, le Concordat, reglent qu'il faut avoir des Degrez pour poffeder les Cures des Villes murées; & le motif de cette Loi (a) eft, qu'*il y a en icelles grande affluence de peuple pour lequel enfeigner & inftruire à la Religion & Foi Chrétienne & obfervance d'icelle, eft befoin d'être pourvû de Gens lettrez & qualifiez.* La préfomption eft donc en faveur des Curez des Villes; & l'inconvenient qu'on paroît craindre fi les Pourvûs des petites Cures étoient appellez par ceux qui poffedent des Titres plus confiderables, non-feulement ceffe par rapport à ceux-ci, mais fe tourne en preuve de leur droit.

Melchior-Canus, que nous avons vû dans le temps du Concile de Trente, foûtenir le fentiment le plus fevere fur cette matiere & reftraindre le plus le droit des Curez, peu content de ne pas toucher au pouvoir qu'ils ont de fe commettre mutuellement, vouloit encore qu'en vertu *de la permiffion de fe choifir un Confeffeur* [que le Pape, l'Evêque & le Curé, peuvent accorder felon lui] (b) il fût libre *d'élire un Gradué en Theologie.* Si hinc colligere velis ne viros quidem peritiffimos eligi poffe, fi non fuerint ab Epifcopo probati, etiamfi Theologiæ fint Profeffores: huic ego refpondeo, ejufmodi viros, in Theologiâ Magiftros, autoritate publica haberi probatos; non enim folent ab Epifcopis examinari. L'Expofant convient que cette approbation d'une Univerfité ne fuffit pas aujourd'hui dans un fimple Prêtre, comme le fonhaitoit l'Evêque de Canarie; mais étant jointe à l'approbation que reçoit de l'Evêque un Curé lors de fon inftitution, elle fait qu'il eft tenu pour plus capable d'entendre les confeffions des étrangers; en forte qu'il ne lui manque que la Jurifdiction que peuvent lui communiquer les Confreres, qui defqu'ils ont la Jurifdiction ordinaire peuvent commettre tous ceux qui de droit ne font pas reputez incapables d'adminiftrer le Sacrement de Penitence. Cette raifon a encore plus de force à l'égard des Curez de la Ville Epifcopale, à en juger par ce qu'en difent communement les Auteurs, fur tout le P. Thomaffin.

En general, felon la remarque de M. Hallier (c) *Il convient que ce qui s'eft introduit de contraire au Droit Commun, & à la Dignité des Curez à caufe de l'ignorance des fiécles paffez, ceffe aujourd'hui dans ce Royaume, où prefque tous les Curez de Ville font fçavans, auffi-bien que la plûpart de ceux du Diocèfe.* Ipfa quoque vel ceffare vel faltem infirmari convenit, quatenus juri communi & Parochorum Dignitati præjudicium inferunt; nam caufa & hæc fuit quod Curati ut plurimùm non effent ita Docti... quæ certè caufa

(a) Décl. d'Henry II. du 9. Mars 1551.
(b) Relect. de Pœnit. Part. 6. p. 951. 953. Ibid. p. 954.
(c) Comm. in Univ. Cler. Gall. Ordin. in lucem editi juffu Cler. Gall. ad art. 5. §. 11.

caufa in Gallia hocce tempore ceffare videtur. Nam in Galliæ Civitatibu s.
Docti omnes ferè funt Curati... in agris etiam Docti apud nos plures. Or
s'il convient que ce qui s'eft introduit *de contraire au Droit Commun, & à*
la Dignité des Curez, à caufe de l'ignorance des fiècles paffez, ceffe aujour-
d'hui que le fecond Ordre a plus de lumieres; convient-il d'abolir ce
qu'une Coûtume immémoriale & très-ancienne a confervé d'anciens
droits aux Curez du Diocèfe de Rodés? Mr. Gibert (a) traitant du pouvoir qu'ont les Evêques d'accorder la permiffion de fe choifir un Confeffeur, dit, que cette permiffion étant une difpenfe, ne peut être accordée
fans une jufte caufe, & que c'eft par abus que le droit des Curez a été
affoibli & prefque éteint. " Epifcopus fuo fubdito concedere poteft ut fibi
,, poffit idoneum eligere confefforem... fed hæc licentia cum fit difpenfa-
,, tio, finè juftâ caufâ dari non poteft: hinc per abufum, Parochi valdè
,, imminutum jus ac fere extinctum. ,,

La Cour ne fouffrira donc pas qu'on enleve aux Curez du Diocèfe de
Rodés, le droit de fe commettre mutuellement pour entendre les confeffions des Paroiffiens les uns des autres, qui eft contenu dans le même
Decret de l'Eglife Univerfelle, qui ordonne à tous les Fidèles de fe confeffer à leur propre Curé. L'Ordonnance de M. l'Evêque paroîtra plus
abufive étant renduë contre un Curé de Ville murée, de la Ville Epifcopale. Mais l'abus n'eft-il pas à fon comble, lorfqu'un Evêque par une
diftinction odieufe commence par reftraindre à fes feuls Paroiffiens un
Curé de Cathedrale, qui lors de fon inftitution, étant jugé capable de conduire *la premiere Cure*, (b) eft par-là fpecialement cenfé capable d'entendre les confeffions des Fidéles de toutes les autres Paroiffes, & dont
l'approbation renferme éminemment l'approbation pour tout le Diocèfe?

I I.

L'Expofant ne craindra pas qu'on l'accufe de vouloir s'élever au-deffus
de fes Confreres. Au Synode de 1698. fon prédéceffeur avoit porté feul
l'Etole; l'Expofant tacha fous feu M. l'Evêque de rendre commune aux
autres Curez cette marque de diftinction, & il y réüffit; & tout le Clergé
eft témoin comment pour avoir voulu tenter au dernier Synode de main-
tenir l'ancien ufage de l'Eglife fur ce point, dont il avoit procuré le réta-
bliffement fous l'autre gouvernement, il s'attira de la part de M. l'E-
vêque une Ordonnance qui lui interdifoit à lui-même par provifion
de porter cet Ornement. Dans le tems Pafchal il ne reçoit aucun Paroiffien étranger qui n'ait permiffion de fon Curé; ainfi il eft bien
éloigné de penfer à faire revivre les anciennes prérogatives des Curés
de Cathedrale, dont il eft déchû par un ufage contraire; & s'il en rap-
pelle quelques-unes, ce n'eft que pour mieux affûrer un droit que la
coûtume a rendu commun à tous les Curés, & qui appartient à l'Expofant à double titre, & par l'ufage, & parce qu'il eft Curé de *l'E-*
glife Mere, qui n'eft ainfi appellée felon Lancelot, (c) *que parce que*
toutes les autres Eglifes font fes Filles. Dicitur Matrix quia aliæ Ecclefiæ
ita fe habent ad hanc ut Filiæ ad Matrem.

L'Archiprêtre de la Ville, dit Duaren, (d) *eft dans la grande Eglife ce*

(a) Tom. 3. Tract. de Sacr. tit. 6. fect. 12. n. 8.
(b) Mem. du Clergé.
(c) Inft. Jur. Can. Lib. 1. de Offic. Archiprespyt. tit. 14. Gloff. verb. Matrici.
(d) De Sacram. Eccl. Minift. Lib. 1. cap. 8.

R

qu'eſt chaque Curé dans ſa Paroiſſe. Archipresbyter Urbanus eam poteſtatem habet in majore Eccleſiâ quam quivis Presbyter in Paræciâ ſibi aſſignatâ habere dicitur. Les autres Auteurs confondent également l'Archiprêtre de la Ville avec le Curé de la Cathédrale, & la Gloſe (*a*) dit que *l'Archiprêtre eſt celui qui dans l'Egliſe Cathédrale doit avoir, après l'Evêque, ſoin des ames.* Archipresbyter poſt Epiſcopum curam debet habere animarum in Eccleſiâ Cathédrali. Mais pourquoi recourir à la Gloſe quand le Texte eſt précis? L'Archiprêtre de la Ville eſt ſelon le Ch. 2. & 3. De Officio Archipresb. celui qui dans l'Egliſe où reſide l'Evêque, fait les Baptêmes, adminiſtre l'Euchariſtie, la Pénitence, l'Extrême-Onction, &c. & à ces fonctions le Droit Canonique ajoute dans le même endroit celle *d'entendre les confeſſions des étrangers,* confeſſiones peccatorum eorum qui à foris veniunt recipere. La Gloſe ſur ces mots (*b*) remarque que ce n'eſt néanmoins que des étrangers qui ſont du Dioceſe. *A foris veniunt, id eſt extrà Civitatem, tamen qui ſint de Diæceſi.* Et argum. *quòd quilibet de Epiſcopatu poteſt Sacramenta recipere in majori Eccleſia: quod verum eſt.... quia omnes poſſunt recurrere ad Archipresbyterum majoris Eccleſiæ.*

La Gloſe (*c*) ſur le Chap. *Si Epiſcopus de Pœnit & Remiſſ. in 6.* établit également que pour la confeſſion on peut s'adreſſer de tout le Dioceſe au Curé de la Cathédrale. *Quilibet de Diæceſi poteſt recurrere pro Pœnitentiâ & ad proprium Sacerdotem & ad Epiſcopum vel Archipresbyterum Cathédralis Ecclesiæ.*

L'Expoſant offre, s'il en eſt beſoin, de citer une foule de Canoniſtes qui attribuent ce privilege au Curé de la Cathédrale. M. Hallier (*d*) dans ſon Commentaire imprimé par ordre du Clergé de France, pour montrer la conformité de l'ancienne Diſcipline avec la diſpoſition du Canon *Omnis utriuſque ſexûs,* du Concile de Latran, obſerve que les Canons obligeoient autrefois les Fidéles de ſe rendre, les grandes Fêtes, en leurs propres Paroiſſes, non-ſeulement pour y communier, mais encore pour y faire leur confeſſion & ſe diſpoſer par là à la Communion; à cette occaſion il diſtingue deux ſortes d'Egliſes propres, l'Egliſe Cathédrale, & l'Egliſe Paroiſſiale proprement dite: il convient qu'on ſatisfaiſoit à ſon devoir en ſe rendant pour cet effet dans l'une ou dans l'autre de ces Egliſes, & le prouve par le 21. Canon du Concile d'Agde, auquel aſſiſta S. Quintien Evêque de Rodés. *Si quis etiam extra Parochias,* porte ce Canon, *in quibus legitimus eſt ordinariuſque Conventus, Oratorium in agro habere noluerit; reliquis feſtivitatibus, &c. Paſcha verò, Natale Domini, Epiphania, Aſcenſionem Domini, Pentecoſtem & Natalem S. Joannis Baptiſtæ; vel ſi qui maximi dies in Feſtivitatibus habentur, non niſi in Civitatibus, aut in Parochiis teneant.* Enfin l'Aſſemblée du Clergé de France de 1625. (*e*) déclare que l'Egliſe Cathédrale eſt la Paroiſſe des Paroiſſes.

(*a*) In Cap. 2. de Offic. Archipresbyt. verb. Cunctis.
(*b*) Gloſ. ibid. in cap. 3. verbo. A foris veniunt.
(*c*) Verb. Suo ſubdito.
(*d*) Certiſſimum etiam Fideles olim non conveniſſe extrà Eccleſiam propriam hoc eſt vel Cathedralem nempe in Civitatibus, vel Parochialem propriè dictam, ad res ſacras peragendas, ad ſuſcipienda Sacramenta præſertimque ad Feſta ſolemniora celebranda, quorum quidem celebratio in Sacramentorum ſuſceptione maximè conſiſtit. Tenebantur enim Fideles, vi Canonum confluere ad proprias Parochias Feſtis ſolemnioribus, & quidem non ad Communionem dumtaxat & etiam ad confeſſionem quâ Fideles ad Communionem diſponuntur. Qua de re conſule Agath. Concil. Can. 21. Comm. in univ. Cler. Gall. Ordin. ad art. 5. §. I.
(*e*) Déclar. de l'Aſſemb. de 1625.

L'Expofant fçait, que c'eft la Chaire Epifcopale qui la rend Cathedrale, & qui fait qu'elle eft la Mere des autres & le centre de la Communion de tout le Diocéfe. (a) Mais fi l'honneur que la préfence de l'Evêque procure à cette Eglife, rejaillit fur les Chanoines, & s'ils participent aux privileges qui lui font accordez, pourquoi voudroit-on priver de toute prérogative le Curé qui y adminiftre les Sacremens, & y prêche la parole fous l'autorité de l'Evêque; & non-feulement le priver de toute prérogative, mais le dégrader & le rabaiffer au deffous de tous les autres, par une défenfe qu'on fait à lui feul?

Van-Efpen dit (b) que le rang & les fonctions de l'Archiprêtre de la Cathédrale ne doivent pas être reglez fuivant le Droit écrit, mais felon la coûtume de chaque Eglife: *Archipresbyteri [Cathedralis] dignitas & munia magis ex fingularum Ecclefiarum confuetudine quam è Jure fcripto metienda funt.* Le Rituel Romain établit la même regle: (c) parlant de la Communion Pafchale des étrangers qui voyagent, & de ceux qui n'ont pas un domicile fixe, il ordonne que dans le Diocèfe où c'eft la coûtume, les Curés les renverront aux Curés des Eglifes Cathedrales pour fatisfaire à leur devoir: *Ubi eft ea confuetudo, eos ad Cathedralis Ecclefia Parochos remittet.*

L'Expofant ne demande finon qu'il lui foit permis de s'en tenir à cette regle, à l'ufage qui décide dans ces fortes de matieres; il s'y eft toûjours conformé, & n'a jamais eu la moindre conteftation ni avec Mrs. les Chanoines, ni avec Mrs fes Confreres. Or voici l'ufage de l'Eglife Cathédrale de Rodés touchant l'adminiftration des Sacremens: l'Expofant qui prête ferment entre les mains du Chapitre fous le nom *de Chapelain Majeur* qui eft femblable à celui d'Archiprêtre, adminiftre dans la grande Eglife le Baptême, le Mariage, l'Euchariftie; c'eft lui qui porte le S. Viatique à Mrs. les Hebdomadiers, Vicaires, Choriftes, & même lorfqu'il en eft requis à Mrs. les Chanoines & à M. l'Evêque. M. de Lufignen pendant fa derniere maladie qui dura depuis 1702. jufqu'en 1716. faifoit celebrer la Meffe dans la Chapelle du Palais Epifcopal, y recevoit la Communion les grandes Fêtes, non de la main de l'Aumônier, mais du Prédeceffeur médiat de l'Expofant; il eft le feul Beneficier de la Cathedrale qui ait charge d'ames, & qui en vertu de fon titre y adminiftre les Sacremens de Pénitence & d'Extrême-Onction qui en eft la perfection & le complement.

A l'égard des étrangers, il les reçoit dans le temps Pafchal lorfqu'ils lui font renvoyez par leurs propres Pafteurs, & pendant le cours de l'année il eft en poffeffion immémoriale d'entendre en confeffion indifferemment tous ceux qui fe prefentent. Ses Confreres font dans le même ufage; mais l'Expofant outre ce titre qui lui eft commun, a un titre particulier qui eft le privilege que les Conftitutions Canoniques (d) accordent aux Curés des Eglifes Cathédrales: *confeffiones peccatorum eorum qui à foris veniunt recipere:* & Van-Efpen qui foûtient que leurs fonctions doivent être reglées par l'ufage, convient que cela

(a) Mem. du Clergé, Tom. 6. p. 1123.
(b) Jus Univ. Part. 1. tit. 12. cap. 3. de Archipresb. Cath.
(c) Rit. Rom. de Comm. Pafch.
(d) Cap. 3. de Offic. Archipresbyt.

les qu'ils font en poſſeſſion d'exercer leur appartiennent *de droit ordi-*
naire, & que l'Evêque ne peut les leur ôter à ſon gré, ni en tout ni
en partie. (a) *Archipreſbyteratus Cathedralis... munia de jure vel conſue-*
tudine annexa.... Jure Ordinario.. habent, ideoque nec pro arbitrio Epiſcopo-
rum tolli aut diminui poſſunt.

Fagnan qui eſt du nombre des Canoniſtes qui attribuent à l'Archiprêtre [*b*] de la Grande Egliſe le privilege d'entendre les confeſſions des
étrangers, examine la queſtion, ſi l'Evêque peut empêcher l'Archidiacre
& l'Archiprêtre d'exercer les fonctions qui leur ſont attribuées par les
Canons. [*c*] Il dit d'abord, qu'il ſemble qu'ils ne peuvent exercer ces
fonctions, *prohibente Epiſcopo*, parce qu'ils ſont l'un & l'autre en cela les
Vicaires de l'Evêque ; que neanmoins Innocent, *qui eſt la lumiere du Droit,*
détermine le contraire, que le ſentiment de ce Pape eſt ſuivi communement des Canoniſtes, qu'il paroit le plus veritable à en juger par le Droit,
qu'il eſt fondé ſur cette maxime, que l'Evêque ne peut ôter ni reſtraindre
les privileges accordez par les Canons à ceux qui ſont ſes Vicaires, non
par le choix qu'il en a fait, mais de droit, & dont le Vicariat eſt perpetuel.

Quelques-uns de ces Canoniſtes vont trop loin, en ce qu'ils ſemblent
ſuppoſer que l'Evêque ne pourroit pas à ſon gré exercer les fonctions attribuées à l'Archidiacre & à l'Archiprêtre : *Nec ipſe pro ſuo velle illorum*
officia exercere. Le miniſtere des autres ceſſe entierement dès que l'Evêque veut remplir par lui-même quelque fonction ſacrée que ce ſoit, parce
qu'il les exerce toutes d'une maniere plus noble & avec plus d'éminence ;
& tout ce qu'on doit conclure des autoritez & des raiſons alleguées par
Fagnan, c'eſt que l'Evêque qui ne veut pas exercer par lui-même certaines fonctions, ne peut empêcher à ſon gré ni l'Archidiacre ni l'Archiprêtre, ni les autres qui ont un Titre perpetuel, de les remplir, ni
reſtreindre leur Juriſdiction.

M. l'Evêque eſt d'autant moins fondé à ôter à l'Expoſant un privilege
que les Conſtitutions Canoniques lui accordent, qu'il lui eſt preſqu'impoſſible pendant le cours de l'année que les fidéles ne ſont point avertis,
comme dans le tems Paſchal, de demeurer dans leurs Paroiſſes, & qu'il y a
affluence d'étrangers dans l'Egliſe Cathedrale, qu'il lui eſt preſqu'impoſſible de faire le diſcernement de ſes Paroiſſiens, & qu'il ne ſçauroit à tout
moment leur faire des interrogatoires importuns & offenſans.

Si Mr. Habert, l'Auteur le moins favorable au droit des Curez, a regardé comme *neceſſaire la coûtume* ſuivant laquelle les Curez voiſins s'entr'aident pour l'adminiſtration du Sacrement de Penitence, ſi celui qui a
fabriqué la prétenduë Déclaration de la Sacrée Congregation, portant
que les Curez ne peuvent pas entendre les confeſſions dans toute l'éten-

(*a*) Part. 1. tit. 12. cap. 3. n. 3.
(*b*) In 2. Part. V. Decret. de Pœnit. & Rem. cap. Omnis.
(*c*) Si Archidiaconus & Archipreſbyter prædictis non acquieſcant, forſitan poſſe Epiſcopum cuilibet eorum prohibere ne muneribus fungantur ſibi per Canones attributis. Nam cum in illis ſint Epiſcopi Vicarii, neuter eorum aliquid agere poteſt, Epiſcopo prohibente, ut de Archidiacono tradit Ab-
bas, &c. Verùm id non auſim affirmare, quia contrarium determinat *Lucerna juris* Innocentius in
cap. 1. num. 1. ſuprà eodem dicens Archidiaconum *& ſimiles* ideò dici Vicarios Epiſcopi, quia exercent ea quæ etiam ad Epiſcopum pertinent ; ſed tamen non eſſe tantùm Vicarios, ſed certâ dignitate
potiri, adeò ut proptereà removeri non poſſint ad libitum Epiſcopi, nec ipſe pro ſuo velle illorum
officia exercere, & ſequuntur ibi Hoſtienſis, &c. Ex quibus apparet opinionem Innocentii *communiter*
teneri à Canoniſtis, & videtur etiam de jure verior : nam Archidiaconus eſt Vicarius non ab Epiſcopo
aſſumptus, *ſed datus à jure*, & ſic non eſt amovibilis, ſed habet Vicariam perpetuam ſuæ dignitati an-
nexam ex privilegio Canonis quod in totum, *vel in partem* à quoquam Pontificum convelli vel mutari
non poteſt, ut eſt Textus, &c. Fagn. in 2. part. 1. Decret. de Offic. Archid. cap. ſignificaſti.

duë

duë du Diocéfe, du confentement de leurs Confreres, n'a pû s'empêcher de fuppofer qu'il avoit été decidé qu'ils étoient néanmoins cenfez approuvez pour la Ville où leur Paroiffe eft fcituée, comment M. l'Evêque a-t il pû fans abus reftreindre *à fes feuls Paroiffiens* un Curé de Cathedrale qui a des pouvoirs plus amples & par la coûtume & par la Loi de la néceffité, & par le privilege qu'il lui eft accordé par les Saints Decrets?

L'abus éclate donc de toutes parts dans l'Ordonnance de M. l'Evêque, qui reftreint l'Expofant *à fes feuls Paroiffiens*; elle eft contraire aux Decrets de l'Eglife Univerfelle, aux Reglemens de l'Eglife Gallicane, aux anciens & nouveaux Statuts du Diocéfe de Rodés, à la Coûtume très-ancienne du même Diocéfe, laquelle par-là qu'elle eft très-ancienne, fait partie des Libertez de l'Eglife Gallicane, comme les autres Coûtumes legitimes & anciennes, même des Eglifes Particulieres; aux maximes du Royaume qui interdifent aux Evêques & à tous Juges d'Eglife la connoiffance du poffeffoire, à l'Edit de 1695. concernant la Jurifdiction Eccléfiaftique, & autres Ordonnances Royaux; au cinquiéme Article des Libertez de l'Eglife Gallicane, qui condamne dans les Supérieurs Ecclefiaftiques la puiffance abfoluë & arbitraire; enfin, elle eft contraire aux Titres particuliers de l'Expofant, fondez fur les Conftitutions Canoniques.

Un feul de ces Moyens feroit fuffifant pour déclarer abufive l'Ordonnance de M. l'Evêque. Que n'a pas lieu d'attendre l'Expofant de la réünion de tant de Moyens qui fe prêtent une force mutuelle?

Partant conclud aux fins de fon Appel.

Me. JEAN-JOSEPH BRIANNE, Curé de l'Eglife Cathédrale de Rodés.

Me. B A R, Procureur.

E R R A T A.

P AGE 5. ligne 45. *tit.* 50. lifez *tit.* 5.
P. 5. lign. 55. *praprid,* lifez *proprii.* Et tout de fuite *proprii,* lifez *proprio.*
P. 12. lign. 12. *dit le Prélat;* lifez *M. l'Evêque.*
P. 14. *contre la Doctrine des Curez,* lifez *la Doctrine qu'il vient d'établir en faveur des Curez.*
P. 16. lign. premiere, *les Seculiers même,* ajoûtez *depuis le Concile de Trente.*
P. 27. lign. 8. *propria,* lifez *proprio.*
P. 33. lign. 31. *Conftitutionem,* lifez *Conftitutiones.*
P. 40. lign. 21. *recufables,* lifez *revocables.*
P. 46. *approbato,* lifez *approbata.*

20 décembre 1

www.ingramcontent.com/pod-product-compliance
Lightning Source LLC
Chambersburg PA
CBHW070807210326
41520CB00011B/1864